主動出擊

別讓機會錯過你

方州——著

錯過了一次機會，人生便錯過了一次質量提升的轉機。
珍惜擁有的一切，接受生活的歷練，
當你抬頭遠望，會發現各種機會正向你迎面而來。

前言

人生的成功與失敗，在很大程度上取決於對機會能否把握。機會是什麼？是有「見人之所未見」的眼光，是「見微知著」的前瞻，是有「化腐朽爲神奇」的手段，是快人一步的行動。表面看來，有時機會就像一個吊在空中的幸運球，不知道什麼時候砸在誰的頭上，於是有幸被機會擁抱的人，無一例外地被稱作幸運兒而爲人羨慕。但是實際上，這些幸運兒爲此所做的準備、所經歷的困境，又有誰能知道呢？

是的，誰都不願意被機會錯過，但是你不能不首先捫心自問：我爲把握機會做好準備了嗎？不讓機會錯過，要鍾煉好做事的本領。一個人立身社會，必須有自己立身的資本，這個資本就是特長，就是本領。一個不會開飛機的人，不可能成爲機長，一個新興的賺錢行業，只會把機會施予那些站在行業門檻之內並幹得最好的人。

不讓機會錯過，要善於動腦子、用智慧。那些把機會等同於撞大運的人，只能像那個守株待兔的農夫一樣被餓死。機會固然有它不可捉摸的一面，給人以可遇不可求的感覺，但是我們只要肯用心，調動起自己全部的智慧去做人做事，機會才會在某一天不期而至。

不讓機會錯過，不僅要敢想，還要敢做。其實機會對大多數人都是平等的，同樣的事實擺在面前，有的人視而不見，有的人則將之變成了機會。區別一在洞悉問題的眼光，二在將想法化為現實的行動。「我也看到了、想到了，如果我去做，那麼現在……」喜歡臆想、懶於行動或緩於決策的人，只能把機會留在臆想裏。

不讓機會錯過，須把眼睛放在機會之外。目標決定機會，習慣決定機會，關係決定機會，心態決定機會……，機會是如此難以把握，以至於有那麼多因素決定著它的歸屬，它又似乎游離於這所有的因素之外。也許把眼睛放在機會二字之外，機會反倒能給你一個驚喜。

錯過了一次機會，人生便錯過了一次質量提升的轉機。珍惜擁有的一切，接受生活的歷練，當你抬頭遠望，會發現各種機會正向你迎面而來。

目錄

第一章　找準方向，

錯誤的方向會減少機會

第二章　隨時準備，

不要辜負了好運氣

第三章　主動出擊，

坐等機會只能丟掉機會

第四章　能決善斷，

正確的抉擇，贏得最佳機會

第五章　打好基礎，

自己有底氣，做事才有運氣

第六章　心態制勝，

機會常在不經意間成全你

第七章　杜絕後悔，

後悔的習慣是機會的泥潭

第一章 找準方向

錯誤的方向會減少機會

PART 1

方向與機會之間有沒有關係呢？有，而且很密切。比如你做事細密有條理，適合行政管理工作，卻偏要去做生意，除了會賠個一塌糊塗之外，原本屬於你的行政管理方面的機會也錯過了。一個人只有抵住各種名利誘惑，找準方向一直向前，才能抓住屬於自己的機會，不斷提升人生的層次。

1.不是努力了就有機會

方向錯了，再怎麼努力也只能是徒勞，這就像是我們在打牌的時候，摸到一張臭牌，就不要再希望這一盤是贏家，只有傻子才在手氣不好的時候，對自己手上的一把臭牌說，咱們只要努力就一定會勝利。當然，在牌場上，大多數人在摸到一張臭牌時會對自己說，這一盤輸定了，別管它了，抽口煙歇口氣，下回再來。可在實際生活中，像打牌時那樣明智的卻少之又少。想想看，你手上是不是正捏著一張臭牌，捨不得丟掉？

努力也是有條件的，當你陷進泥塘裏的時候，就應該知道及時爬出來，遠遠地離開那個泥塘。有人說，這個誰不會啊！事實上，不會的人多了。比如一個不適合自己的公司，一堆被套牢的股票，一場「三角」或「多角」戀愛，或者是個難以實現的夢幻……

在這樣的境遇裏，你再怎麼樣掙扎也無濟於事，眞正聰明的做法就是調整方向，重新再來。

生活中，不同的人在這樣的泥塘裏是怎樣想的？他們會想，讓人家看見我爬出來一身污泥，多難爲情呀；會想，也許這個泥塘是個寶坑呢；還會想，泥塘就泥塘，我認了，只要我不說，沒人知道！甚至會想，就是泥塘也沒關係，我是一朵荷花，亭亭玉立，可以出污泥而不染……

天啊！多麼可笑的邏輯，真想問問這些人，你到底對自己負責了沒有。

找準方向，就是在被狗咬了一口時，不去下決心也要咬狗一口；就是在被蚊子咬了一口以後，不氣呼呼地非要抓住「元兇」不可……

也許有人會說，這有什麼不懂，誰又不是傻子。

不過在現實生活中，確實有一些人在做著無謂的鬥爭與努力，就像是已經乘坐了反方向的公共汽車，還要求司機加快速度一樣。有好心人告訴他應該停止前進，重新選擇方向的時候，他還振振有詞，不願意下車。於是就努力向售票員證明是他的錯，是他沒有阻止自己登上汽車；於是就努力說服司機改變行車路線，教他跟著自己的正確路線前進；於是就下決心消滅這輛汽車，因爲消滅一個錯誤也是件偉大的事業；於是就堅持坐到底，因爲在九百九十九次失敗後，也許就是最後的成功。

人生道路上，我們常常被高昂而光彩的語彙弄昏了頭，以不屈不撓、百折不回的精神堅持死不認輸，從而輸掉了自己！選對方向、及時改變方向，應該是最基本的生活常識，臭牌教過我們，泥塘教過我們，蚊子和狗也教過我們，只是我們一離開這些老師，就不願從上錯了的車上走下來。就像我們會經常聽見有人聊天：

——工作怎麼樣啊！

——嗨，湊合，混個飯吃吧！

既然只能是「湊合」著，「混飯」吃，那爲什麼不去選擇一份更適合自己、自己更喜歡的工作呢？

有一個人，在他所不喜歡的職位上工作了一輩子，只因爲當初他的太太寧願付出任何代價，也要保住安定的生活。

開始的時候他只是個業務員，後來賺夠了錢，可以成立自己的公司，開創自己喜歡的事業了，這時候他結了婚，而他的太太認爲在他們還沒有買下房子以前，他最好不要辭去眼前的工作。

等到他們有了房子以後，他們正要生下第一個孩子，這位男士的妻子讓他覺得，開創自己的事業將是一件多麼辛苦的傻事——於是日子就這樣過去了，他的薪水已經足夠家庭的開銷，還有保險金可以支付孩子的教育費用。還有必要開創自己的事業嗎？太可笑了，如果失敗了怎麼辦？他可能會失去在公司裏的年資、公司的退休金、疾病津貼，以及一份中等而固定的薪水。於是這位男士就失去了創業的機會，只因他的妻子不願意給他嘗試的機會。

現在，他是個對生活感到厭倦的、庸庸碌碌的中年人，他把空閒的時間都用來修補自己的汽車。他有一張失意的臉孔，患有胃潰瘍，此外再也沒有什麼東西可回憶的了。生命就這樣悄悄流逝。他生命中絕大部分的時間，都用來壓抑他對於工作的不滿，他對自己的工作沒有眞正的興趣、沒有熱心、沒有完成的野心——這都是因為他沒有找準自己的方向。

如果他放棄了不喜歡的工作，嘗試努力去做自己選擇的工作而失敗了，事情又會怎樣？至少他將會因為已經做過自己想要嘗試的工作而感到滿足，而且如果他嘗夠了失敗的滋味，他就眞的會成功了。

如果你發現自己現在所從事的工作並不適合自己，就要趕緊調整前進的方向，不要擔心來不及，如果你一直有這樣的顧慮，那才眞正喪失了大好的時機。

找工作可不像進入超市選購商品，你想要什麼就拿什麼。當你放棄以前的工作去找新的工作時，新的老闆會考慮你以前有無相關的經驗、你以前的業績等。當你以前作的與想要尋找的工作毫不相干時，你就失去了一種優勢。再說，人總是有惰性的，即使你不喜歡某一工作，做了一兩個月之後，也許你習慣了，你就會被這種天生的惰性套牢，不想再換工作了，日復一日，不自覺之間三年五載已經過去，到作不下去而想轉行時，那就眞正很難了。那種明知自己走錯了路，又前怕狼後怕虎的人，只能是徒自空歎、虛度一生！

2.爲更高的目標工作，會擁有更大的機會

因爲夢想和現實總有距離，所以你的「夢想」可以不必過於「眞實」。哪怕有人認爲你的想法只是「癡人說夢」，你也大可不必放在心上，畢竟，超越了現實的夢想才值得我們用心去追逐，也才能夠眞正地發揮出我們的潛能。

人都會有這樣的體會：當你確定只走一公里路的時候，在完成〇．八公里時，便會有可能感覺到累而鬆懈自己，以爲反正快到了。但如果你要走十公里的路程，你便會做好心理準備，調整各方面的潛在力量，這樣走七、八公里，才可能會稍微放鬆一點。夢想與現實的關係也同樣如此，你的夢想越遠大，你爲之而付出的努力就會越多，即便達不到自己理想的狀態，你也能夠取得非凡的成就。

一個具有遠大夢想的人，毫無疑問會比一個根本沒有目標的人更有作爲。有句蘇格蘭諺語說：「扯住金製長袍的人，或許可以得到一隻金袖子。」

那些志存高遠的人，所取得的成就，必定遠遠離開起點。即使你的目標沒有完全實現，你爲之付出的努力本身也會讓你受益終生。

幾年以前的一個炎熱的日子，一群人正在鐵路的路基上工作，這時，一列緩緩開來的火車打斷了他們的工作：火車停了下來，最後一節車廂的窗戶——順便說一句，這節車廂是特製的並且帶有空調——被人打開了，一個低沉的、友好的聲音響了起來：「大衛，是你嗎？」大衛．安德森——這群人的負責人回答說：「是我，吉姆，見到你眞高興。」於是，大衛．安德森和吉姆．墨菲——鐵路公司的總裁，進行了愉快的交談。在長達一個多小時的愉快交談之後，兩人熱情地握手道別。

大衛．安德森的下屬立刻包圍了他，他們對於他是墨菲鐵路公司總裁的朋友這一點感到非常震驚！大衛解釋說，二十多年以前，他和吉姆．墨菲是在同一天開始爲這條鐵路工作的。

其中一個人半認眞半開玩笑地問大衛，爲什麼他現在仍在驕陽下工作，而吉姆．墨菲卻成了總裁。大衛非常惆悵地說：「二十三年前，我爲一小時一．七五美元的薪水而工作，而吉姆．墨菲卻是爲這條鐵路而工作。」

美國潛能成功學大師安東尼．羅賓說：「如果你是個業務員，賺一萬美元容易，還是賺十萬美元容易？告訴你，是十萬美元！爲什麼呢？如果你的目標是賺一萬美元，那麼你的打算不過是能胡口罷了。如果這就是你的目標與你工作的原因，請問你工作時會興奮有勁嗎？你會熱情洋溢嗎？」

卓越的人生是夢想的產物。可以說，夢想越高，人生就越豐富，達成的成就就越卓絕。相反的，夢想越低，人生的可塑性越差。也就是人們常說的：「期望值越高，達成期望的可能性越大。」

3. 誘惑越多，機會越少

你的目標只有一個或幾個，而生活中的誘惑實在太多，稍不留神，就會被形形色色的誘惑迷住雙眼。科學家們的工作也許能讓我們更直接地看清這個問題。

年輕的愛因斯坦，爲什麼能在物理學的幾個領域做出第一流的貢獻？

美國波士頓大學生化教授阿西莫夫，爲什麼能夠寫出兩百餘部科普著作？

達文西爲什麼能成爲「全才」？

難道只是因爲他們有天賦嗎？試想，愛因斯坦當時才二十多歲，學習物理學的時間不算長，並且還是一個業餘研究者，他的時間更是綿中之水，少之又少。而物理學的知識博大精深，如果他不是運用直接目標法，就不可能在物理學的三個領域都取得令人驚歎的成就。他在《自述》中說：

「我把數學分成許多專門領域，每一個領域都能費去我們所擁有的短暫的一生……；物理學也分成了各個領域，其中每一個領域都能吞噬短暫的一生……；可是在這個領域裏，我不久就學會了識別出那種能導致深邃知識的東西，而把其他許多東西撇開不管，把許多充塞腦袋、並使它偏離主要目標的東西撇開不管。」

愛因斯坦的做法，有哪些值得我們借鑒的地方？

其一是摒棄次要的東西，把所有的注意力放在目標上，可以又快又早地獲得成果。

其二是大大提高了效率，有利於建立自己獨特的最佳工作（做事）模式，並據此發掘自己的潛力，使獨創性的思想產生。

著名整形外科醫生麥斯威爾．莫爾茲博士，在《人生的支柱》中寫道：

任何人都是目標的追求者，一旦達到目的，第二天就必須爲第二個目標動身起程了……

人生就是要我們起跑、飛奔、修正方向，如同開車奔馳在公路上，有時偶爾在岔道上稍事休整，便又繼續不斷地在大道上奔跑。

比方說，我們把獲取財富作爲目標，下面是五個具體實現目標的「黃金」步驟：

1. 你要從內心清楚你所希望得到財富的數字——散漫地說「我需要很多、很多的錢」是沒有幫助的，你必須確定你要求的財富具體數額。

2. 事實決定，你將會怎樣努力和付出多少代價換得你所需要的錢——世界上沒有免費的午餐。

3.確定一個目標日期，一定要在這個日期之前，把你要求的錢賺到手——沒有時間表，你的船永遠不會靠岸。

4.制定一個實現你的理想的可行性計畫，並馬上開展你的習慣「行動」，不能夠再耽於「空想」。

5.將以上四點清楚地在一張紙上羅列出來，變成白紙黑字。當然，這裏的「錢」也可以換成其他具體的目標。任何一次因爲誘惑而對既定目標的偏離和放棄，都是對人生機會的踐踏，從這個意義上說，只要緊緊地抓住目標，總有一天會抓住那個屬於你的機會。

4.絕不要輕視自己的能力

許多人最大的弱點，就是自貶自己的能力，亦即廉價出賣自己的勞動。這種毛病在諸多方面顯示出來。例如，約翰在報上看到一份他喜歡的工作，但是他沒有採取行動，因爲他想：「我的能力恐怕不足，何必自找麻煩！」

幾千年來，無數的思想家忠告我們：要認識自己。可是人們總是把它理解爲「僅認識自己消極的一面」，對自己的長處與優點卻不會利用條件，充分地將其發揚光大。認識自己的缺點是很好的，可借此謀求改進。但如果僅認識自己的消極面，就會陷入混亂，對自己毫無信心，覺得自己毫無價值。要誠實、全面地認識自己，決不要看輕自己。

經濟學博士、擁有十四家上市公司、擁有極高經濟才能的億萬富翁艾爾賓．菲特納先生曾說：「無論是獲得財富或其他各領域的成功，冒險都是不可避免的。」

菲特納先生有個下屬，深通說服之術，而且，他對於自己所銷售的商品非常有信心，所以，再有難度的業務，他也能談成功。在進入公司很短的時間內，就已展現了極其驚人的業務能力和相應的成績。菲特納先生破例地除了週薪之外，另外發給他一筆八百美元的獎金。當天，那人高興地回家了。不料，第二天卻來了個翻天覆地的變化，令菲特納先生十分震驚，因爲那人竟然對菲特納先生說：

「董事長，昨晚我和妻子長談了一夜。因爲上周我的業績有很多運氣成分，我想，運氣不會總這麼眷顧我的，我太太也很擔心，萬一這星期我連一份契約都簽不到，那該怎麼辦？她甚至擔心得哭了起來。所以，我想和你商量收回本周的獎金，不要按件計酬，能不能固定每週給我三百美元的週薪？當然，以後我還是會和上周一樣努力工作的。因爲我認爲，我是有家室的人，安定的生活是最重要的……」

後來，菲特納先生針對這個問題，以毫不猶豫的口吻說：

「當然要開除他！一個對自己的能力毫無自信的人，遲早是會失敗的。他努力工作，只是想要過安定的生活。而事實上，他具備了能夠給自己保證的一切能力，卻只爲了『安定』，要求較低的報酬。除此之外，並無其他。不要爲了退休後少許的退休金而迷惑，要有一種激情般的內心，去迎接所遭遇的一切挑戰。」

過分高估自己的能力，以盲目自大的態度去做事，註定會碰個頭破血流；同樣，過分低估自己的能力，遇事總是戰戰兢兢，會讓自己因喪失機會而取得的實際成就，比你應該達到的大大縮水。

5.好的方案，才會有好的結果

我們在暢想一個目標的美好前景時會激動不已，一旦涉及到如何完成這個目標的行動時，又往往覺得無從下手、難上加難。很多目標就這樣被一個「難」字卡住了。實際上，事情的完成不可能手到擒來，目標永遠高於現實，從低往高走，哪有不費力的道理。關鍵在於規劃，在於要充分挖掘自身潛力，制定一個具體可行的計畫。

美國人羅伯特跟許多人一樣，在他閱讀朱爾斯．維因動人的幻想故事《八十天環遊地球》時，他的想像力被激發了。

羅伯特告訴我們：

「別人用八十天環繞世界一周，現在，我爲什麼不能用八十美元周遊世界呢？我相信任何一定的目的都是能夠達到的，如果我們有誠意和信心的話。也就是說，如果我從我所處的地方出發，我就能到達我所想要到達的地方。

「我想，別的一些人能夠在貨輪上工作而橫渡大西洋，再搭便車旅行全世界，我爲什麼做不到呢？」

說做就做，於是羅伯特就從他的衣袋裏拿出筆來，在一張便條上開始列出一些他可能遇到的問題，並記下每個問題的解決辦法。

（1）和查理斯．菲茲公司（大藥物公司）簽訂一份合同，保證爲該公司提供將要旅行的國家的土壤樣品。

（2）保證提供關於中東道路情況的報告作爲回報，而獲得一張國際司機執照和一套地圖。

（3）通過各種途徑找到海員文件。

（4）找到紐約治安部門，並獲得關於他無犯罪記錄的證明。

（5）與一個貨運航空公司達成協議，該公司同意他搭飛機越過大西洋，只要他答應拍攝照片供公司宣傳之用。

這個二十六歲的青年完成了上述計畫以後，就懷著八十美元，乘飛機離開了紐約市。

他此行的目的是用八十美元周遊世界。

以下是他的一些經歷：

（1）在加拿大的紐芬蘭島甘德城吃了早餐。他的餐費怎麼辦呢？他給廚房的炊事員照了相，他們都很高興。

（2）在愛爾蘭的珊龍市花四．八美元，買了四條美國紙煙。

（3）從巴黎到了維也納，費用只是一條紙煙。

（4）從維也納乘火車，越過阿爾卑斯山，到達瑞士，也僅僅給了列車員四包紙煙。

（5）乘公共汽車到達敘利亞的首都大馬士革，就因爲羅伯特給敘利亞的一位員警照了相，使得這位員警爲此感到十分自豪，便命令一輛公共汽車免費爲他服務。

（6）給伊拉克的特快運輸公司的經理和職員照了一張相，這使他順利地從伊拉克首都巴格達到了伊朗首都德黑蘭。

（7）在曼谷，他陰差陽錯地獲得了國王般的招待。只是因爲羅伯特提供了那個主人所需要的資訊——一個特殊地區的詳細情況和一套地圖。

（8）成爲「飛行浪花」號輪船的一名水手，他免費從日本到了三藩市。

最終，他用了八十四天周遊了世界。

但是他的確達到了目的——用八十美元周遊了世界。

據統計，每一百人中有九十八人不滿意他們現在的生活狀況，總抱怨老天給予自己的機會太少，但他們心中又缺乏一個他們所喜歡的世界的清晰的藍圖。

實際上，他們不是缺乏藍圖——沒有錢，他們不想有錢嗎？職位低，他們不想高升嗎？工作乏味，他們不想有一個更適合自己的工作嗎？孤單一人，他們不想有一個美滿的家庭嗎？想，他們當然想。那麼，這個「想」字就代表了一種願望、一個目標、一個藍圖。只是他們不知道通過什麼樣的途徑實現目標，也就是不能爲自己的目標做一個規劃。羅伯特能用八十美元環遊地球，靠的是詳盡而聰明的規劃，那麼，還有什麼樣的人生藍圖，不可以通過主動的規劃使之清晰起來呢？

日常生活中，幾乎每個人都有這樣的經歷：假日早上一覺醒來，覺得今天沒有什麼重要的事急著做，於是東遊西逛，一事無成地打發了一天。但是如果我們有一個非做不可的計畫時，不管怎樣，多少會有點成績。

這個普通的經驗，含有一個重要的道理：做什麼事都要有計劃。

早在第二次世界大戰之前，科學家已經瞭解了原子內部的能量，但是當時對於「如何分裂」以及「如何應用」所知甚少。美國參戰後，準備儘快發明原子武器，並制定了計畫。經過無數人的心血，終於有所成果，並首次在日本使用了原子彈。如果沒有那個計畫來推動的話，關於原子分裂的研究，可能會延後十年或者更久。

所以說，目標會促使事情的早日完成或理想的早日實現。

如果工廠的主管沒有一個固定的工作進度，生產系統一片混亂。銷售主管如果銷售時有預定的銷售配額，賣出的商品會更多。大學教授也知道，考試時只要先訂下該次考試的截止期限，學生都會準時交卷。

你只能按部就班地完成計畫中的一項，而無法完成未計畫的事。

按部就班做下去，是實現任何目標的最聰明做法。最成功的戒煙方法，就是「一小時又一小時」地堅持下去。許多人用這種方法，成功戒除了煙癮，大量事實表明這種方法是最有效的。這個方法並不是要求他們下決心永遠不抽，而是要求他們堅持一小時，這樣一小時、兩小時、一天、一周、一個月、一年，最終實現完全戒除，做什麼事都要循序漸進，須知「羅馬不是一日建成的」。那些一下子就想戒除的人，一定會失敗，因爲心理上的感覺受不了。對於一個長期吸煙的煙鬼來說，一小時的忍耐很容易，可永遠不抽那就難了。

急於求成者，往往一事無成。對於那些初級經理人員來講，被指派什麼樣的工作並不重要，都應該看成是「使自己向前跨一步」的好機會。推銷員每促成一筆交易，就向更高的管理職位前進了一步。

某些人一夜成名，但是如果仔細看看他們的過去，就知道他們的成功並不是偶然得來的，他們早已投入無數心血，打好堅實的基礎了。這一切都是水到渠成，那些暴起暴落的人物，來也匆匆，去也匆匆，他們的成功僅是空中樓閣，所以也只能曇花一現。

富麗堂皇的建築物，都是由一塊塊獨立的石塊砌成的，石塊本身並不美觀，成功的生活也是如此。

6. 永不放棄，就永遠有機會

傑克牽著他的愛犬在海灘上散步時，遇見一對來自美國西部的退休夫婦。他們對這片海岸讚不絕口。

「這片海灘多令人神往啊，」老婦人說道，「可惜我們十年前沒下決心在這兒買一幢別墅。」

「現在你覺得太晚了？」傑克問道。

「是啊，那年頭會便宜得多呢！」

不知道他們是寧願守著一塊他們並不喜愛的地方生活，還是會試著去改變一下現在的生活方式，其實，夢想永遠爲時不晚，如果你總是擔心「來不及」，那麼就會永遠失去夢想成眞的機會。

曾有人說過：多數人是在失望中度過終生的，可是在期盼中度過一生，豈不更有意義？你所需付出的，僅是對生活態度有意識的改變。曾見過多少人感慨「要是早點……生活就全然不同了」，並大談他本來會怎麼怎麼改變生活的——然而他們最擅長的卻是空談。

多年來，傑克一直熱衷於參加各類比賽，並以此作爲消遣，也曾建議朋友們去嘗試，因爲從中能獲得意想不到的樂趣。當一位朋友看到他獲得的第四架寶麗來相機時，羨慕不已地感歎道：「哎，可惜我沒有早點去嘗試，不然也許我也和你一樣成功了。」

當傑克問她「爲什麼不現在開始」的時候，她卻只是悵然若失地搖了搖頭，似乎一切都已經來不及了。生活中很多人都有這個通病，以爲時間來不及了，便放棄了自己的努力，而事實上越是從零起步的人，成功的機會才越多，因爲他懂得珍惜現在的時間，追趕前面的對手，所以他的進步最快也最大。

有這樣一個故事：

上帝把「1、2、3、4、5、6、7、8、9、0」十個數字擺出來，讓面前十個人去取，說道：

「一人只能取一個。」

人們爭先恐後地擁上去，把9、8、7、6、5、4、3都搶走了。

取到2和1的人，都說自己運氣不好，得到很少很少。

可是，有一個人卻心甘情願地取走了0。

別人說他傻：「拿一個0有什麼用？」

這個人說：「從0開始嘛！」便埋頭孜孜不倦地幹起來。

他獲得1，有0便成爲10；他獲得5，有0便成了50。

他一心一意地幹著，一步一步地向前。

他把0加在他獲得的數字後面，便十倍十倍地增加。他終於成爲最富有的、最成功的人。

記不清我們的身邊有過多少這樣的事例，眞是不勝枚舉。我們欽佩的不僅是他的勇氣和意志，我們更讚賞他從零起步、永不放棄的精神。如果你每天都在慨歎歲月的流逝和夢想的遙不可及，就永遠都不會收穫成功的喜悅。

7. 別讓「成見」捆住機會的手腳

幾個世紀以來，馬鈴薯一直被認爲是有毒的，人們不敢食用、直到一些膽大的人吃了而且仍然活著，才被人們所接受。今天，成千上萬的人吃了馬鈴薯，但卻不知道馬鈴薯曾被人們看作不適合人類食用的東西。相反的，由於美國政府聲稱菠菜不含有營養價值，而被打入冷宮幾十年，幾百萬人對此確信不疑，並且對尊貴的教皇鍾愛的菜再也不讚賞了。

馬爾茲博士說：「人類如果片面地認識自己所處的環境狀況，或者乾脆對之抱有錯誤的印象。那麼與其相應的反應也將是錯誤的。對當事人來說，不論是眞實或者誤解，都會憑『成見』反應和行動。

「人類的自動誘導裝置，是在無意識世界之中運動的，所以，不要抱怨努力無用。應該設定可能達到的目標，然後在腦子裏形象化地描繪目標達到和滿足後自己的姿態。」

十多年前，美國有一本很暢銷的書，書名就叫《課堂裏的皮格馬利翁》，內容是報導兩位教育研究工作者的一項實驗。研究者向一所小學提供了一份名單，說名單上的孩子是從一項測驗裏發現的天才學生，只不過「遲熟」罷了，其實，這些學生完全是從該校學生名單中隨便點出來的。然而有趣的是，學年結束時，這些學生的成績果然比其他學生高出許多。研究者解釋，這是因爲教師期待某個學生是天才，這種期待心理會對那個學生產生「暗示效應」，使他對自己「一定會成爲出類拔萃的學生」這種願望的實現產生自信，促使自動誘導裝置啓動，走出「成見」的牢獄。後來這種現象引起了廣泛注意。最終被社會心理學家羅森塔爾命名爲「皮格馬利翁效應」。

8. 如果有個好主意，何妨試一試

一九七七年，戴爾剛滿十二歲。一個午後，他的父母和兄弟都到墨西哥灣釣魚，而他卻坐在沙灘上，費勁地擺弄著釣具，他在將幾個釣鉤拴到一根線上。家人都認爲他在浪費時間，說道：「拿根竿子跟我們一塊兒釣吧，湊個趣兒，別白費勁了。」

然而戴爾繼續幹著，直到晚飯時刻，大家都準備結束一天的活動的時候，他才安好了那副奇特的釣竿，並把魚線遠遠地拋出去，末端繫到一根深插於沙土中的杆子上。

飯罷，大家都戲弄戴爾，說他會空手而歸的。但是當戴爾把釣線拉起時，上鉤的魚比全家人釣的所有的魚都多。

戴爾總喜歡說：「如果你認爲你的辦法不錯，就不妨試試。」二十九歲的戴爾深知一個好主意的眞正價值，正是這些好主意，使他從一文不名到一躍成爲擁有億萬資產的企業巨頭，成爲全美第四大個人電腦製造商，他的公司曾名列由《富比士》雜誌評出的全美五百家聯合企業的前矛。

上高中時，戴爾通過爲休士頓《郵報》做預付款徵訂工作，賺了二千美元，他用賺得的錢買了他的第一台個人電腦。買回來之後，他就把它拆開，揣測它是如何工作的。這以後，他又找了一份賣報紙的工作。他認爲新婚夫婦是買報紙的最佳對象，於是就雇了幾個朋友，將最近登記的新人的姓名和住址記下，然後全部存入電腦，再親自寫信給每對夫婦，同時免費贈送兩周的報紙。這個辦法果然奏效。不久，他賺了一萬八千美元，買了一輛汽車，看到這個十七歲的孩子支付現金，車商大吃一驚。

第二年，他報名到休士頓的德克薩斯大學就讀，像其他的新生一樣，他得自己去賺學費。此刻，校園裏的人們都在談論個人電腦，人人都想弄一台，但經銷商們將價格抬得很高，人們需要的是價格低廉、根據專業特點靈活設製的電腦。這時，戴爾敏銳地發現了這一點。「這些經銷商將價格提得這麼高，又能賺多大利潤呢？」他沉思著，「爲什麼不能將產品從製造商手中直接送到最終用戶呢？」

由於電腦經銷商的價格昂貴的機器無法一下子售完，同時還要付出一筆可觀的機器存放費，戴爾終於以成本價買下經銷商們的庫存電腦，並且給它們增設了附件來提高其性能。很快，這種性能更優越、價格卻便宜得多的電腦，一上市便供不應求，市場十分看好。

感恩節放假時，戴爾的父母擔心他的學業受到影響。父親懇切地說：「如果你想經商，可以在你拿到學位以後再幹。」

戴爾同意了，但回到休士頓後，他就感到千載難逢的機會就要擦肩而過了。一個月後，他又開始推銷機器——這一次幹得更起勁兒。

春季休假日，戴爾向父母坦率地承認他仍在做電腦生意，而父母更想知道他的學業怎樣了。

「我不得不放棄學業了，」他答道，「我想開辦自己的公司。」

「你到底想幹什麼？」父親問。

「和IBM競爭。」他聳聳肩，輕鬆地回答。

「跟IBM競爭？」現在他的父母眞的爲兒子擔心了。但是戴爾不管父母怎麼說，堅持不改變主意，他還是那句話：這主意不錯，爲什麼不去試試。於是他們達成協定：暑假時他可以開辦自己的電腦公司，若是不成功，那麼九月份新學期就必須回到學校裏去。

回到休士頓，戴爾用所有的存款，開辦了「戴爾電腦公司」，此時是一九八四年五月三日，他剛滿十九歲。

隨著新學期的日益臨近、他的節奏快得簡直近乎於瘋狂。他租了間房子作爲辦公室，並雇用了第一名雇員，二十八歲的經理來負責財務和經營管理。

戴爾的推銷工作進展順利，他將IBM的個人電腦都加上自製的附件供應市場，一接到訂單，他就拼命組裝機器，並以最快的速度送到客戶手中。第一個月的銷售額達到十八萬美元，第二個月升到二十六萬美元，連新學年的到來他都沒有注意到。

一年中，他平均每月銷售個人電腦一千台，爲了保持這種節奏，他搬到了更大的房間，雇用了更多的人員。當客戶的訂單達到八百份時，雇員們便開始組裝電腦。爲減少庫存和通常開支，零件僅在急需時才訂購。送貨卡車每天都送貨上門，這使戴爾的公司一直保持著較高的利潤率。

戴爾堅信：質量是企業的生命。他給他的客戶提供絕對的質量保證，用戶若不滿意，保證退款。他開設一條二十四小時免費服務熱線，可以使用戶直接跟技術人員聯繫，大約有百分之九十的用戶技術問題可通過電話來解決。

跟客戶頻繁的電話接觸，使公司更能貼近市場，用戶直接可讓公司知道他們喜歡或不喜歡哪種型號或式樣。「我的競爭對手是先發展產品，然後告訴客戶他們應該需要什麼；而我則相反，我們是市場需要什麼就發展什麼。」戴爾自豪地說。

到戴爾的同學們大學畢業的時候，他的公司年營業額已達到七億美元。戴爾停止了原來那種在個人電腦上添設附件的方式，而是開始自行設計、裝配、尋找自己的市場。

今天，戴爾公司在包括日本在內的十六個國家設立了分支機構，公司收入達二十多億美元，雇有職員五千五百多名。戴爾的私人財產估計在二．五億至三億美元之間。為鼓勵更大生產，戴爾公司給提出好建議的雇員以豐厚的獎勵，即使有些做法沒有取得成功。戴爾說：「我們的成功，迫使這些大公司間競爭更加激烈，而這更能讓客戶得到收益。」

戴爾與妻子及兩歲的女兒過著簡樸的生活，然而對社會，他卻慷慨大方，樂善好施。最近他捐贈一塊土地，作為休士頓猶太社區的居住中心。戴爾還定期到德克薩斯大學工商管理研究所給那裏的MBA們做報告。

戴爾不止一次地回憶起這個情景：他曾告訴他的朋友們，他的夢想，就是成為世界上最大的私人電腦製造商，而朋友們當時則認為戴爾是個十足的幻想家，夢想是不會實現的。

「為什麼大家都甘做第二、第三或第十呢？」戴爾常說。

從他身上，我們可以得到這樣的啓示：為什麼有機會時不去試一試，去實現你的夢想？

第二章
隨時準備
不要辜負了好運氣
PART 2

有時候不能不承認運氣的存在——儘管我們不能總依靠好運氣去做事。所謂好運氣，也就是不期而至的機會。有人說，運氣來了擋都擋不住，但是，任何運氣都不是無條件的。只有平時做好充分的準備，當好機會、好運氣從天而降時，才能抓住它。

1.注重利用機會的「質量」

許多成功者不僅是開拓機會、捕捉機會的能手，而且還是發掘機會潛能、高效運用機會的能手。他們的成功啓示我們：一定要提高機會的利用率，把機會發揮到最大值。他們善於把機會發揮到最大值，是他們創造絢爛奪目人生的秘訣之一。在許多人的觀念裏，質量和效率的意識是很差的，這也表現在他們對機會的把握上。

有的人一生中曾有過許多很好的機會，但他們不懂得充分利用，結果喪失了使自己的事業「更上一層樓」的機會。

也有的人抓住了機會，但是並未理解到這一機會的全部內涵，因此他們有可能取得一定的成功，但仍不免留下諸多的遺憾。事實上，對人的成功產生決定性影響的機會的數量是很少的，多至四五次，少則只有一兩次。這在一定程度上說明，充分注意利用機會的質量，往往要比只注意機會的多少更重要。許多成功者也曾喪失過許多良好的機會，但是由於他們能夠充分利用已經掌握的機會，所以仍然有所成就。

注重利用機會的「質量」，就是要充分地理解機會的內涵，最大限度地實現機會所可能帶來的種種裨益，以求對自己的事業產生最佳的效果。

注重利用機會的「效率」，就是要有一個清醒的有關「投入」和「產出」的概念，一定要把主要精力集中於那些可能產生最好結果的活動上，同時還要有一個時間的觀念，力求使有限的投入得到最大的產出。從他們發揮和運用機會的過程中，我們要總結出有益的經驗，或者說方法。

任何事情，只要有決心去做，願意盡你最大的努力，那麼你就一定會獲得成功。許多名人並無什麼特殊的天資，他們只是做事認眞，能在一定時期內，把全部的精力和智力都投入到一項事業中去，結果就像凸透鏡彙聚了所有太陽的光芒於一點，於是生命便開始燃燒。

演藝圈大概是最能體現「一夜走紅」這句話的。一部影片的轟動，會使主角成爲眾人矚目的大牌明星。雖然，他們爲了這一刻的到來已經奮鬥了許多年，但是成名卻眞的只需要一次機會。由於他們能夠把握住這一機會，充分地施展自己全部的才能，把機會中所潛含的價値最大限度地發揮出來，所以他們才變成了名人。

固然，在今天，人們已經有了更大的選擇自己人生發展方向的自由，但那種陰差陽錯的事仍是不免發生，譬如有的人考入大學後，被分配到自己所不喜愛的科系，或畢業後分到不對口的部門。這就使我們不得不深思那些已經成功的人士的做法和態度，他們是怎樣對待這種情況的？他們是如何取得成功的？

「把不幸也當做是一種機會」，這種積極的人生態度，是他們成功的一大秘訣。

2.把想不到的機會變成人生的契機

機會只偏愛有準備的頭腦。這裏的準備，包括知識的準備和勇氣的準備，在某種意義上說，後者更爲重要。因爲知識和才能就一般人來說並無太大的差別，你畢竟不是天下第一的天才奇才，不過是一個芸芸眾生中的平凡人，因而往往要在工作中、要在長期的實踐中才能體現出來；而勇氣則是你尋求機遇時必不可少的，就是你才能發揮作用的舞臺，甚至是你的才能本身。強不強，首先就看你有沒有勇氣了。下面的這個女孩的經歷很有說服力和代表性：

我現在從事的這個各方面都不錯的工作，細細想來，本應是屬於另外一個女孩的。

那年，我在連續幾次考試落榜的情況下，只好進了一所私立女子中學工作。教學之餘，我一直不停地苦苦尋覓，希望能找到一個更適合自己的去處。

然而，由於我剛剛從閉塞的鄉村獨自闖進小城，沒有親友，沒有「關係」；報紙上眾多的招聘廣告，每每也令我這個職業高中畢業生望而卻步。當時，同我一起在那所私立女子中學共事的還有一位女孩，是某名牌大學中文系畢業生。她由於在機關工作得不太順心，一氣之下走了出來，之後又沒有合適的去處，後悔得不行，只好屈就做一名臨時教書匠。

一次，人才交流中心的兩位工作人員來找她，要她交納檔案代管費（她的個人檔案由交流中心代管）。閒談之間，其中一位向她提到，有一家大公司需要一名辦公室主任，讓她去試試。但是她卻說：「沒有熟人，這怎麼能成呢？」之後，這個話題他們就一帶而過了。

我當時就在苦苦尋覓各種可能的機會，聽了他們這番話之後，心裏不禁一動：「我何不去試試？」

下班之後，我問了幾個要好的朋友：「你們說，這件事到底有沒有希望？」

「這事即便有希望，那也只有百分之一的希望，甚至不到百分之一的希望。」

「百分之一的希望就等於沒有希望。」

我呢，我一個晚上沒有說話，朋友們的話不斷地在心中煩惱著我。

一個人對於明知沒有希望的事，是很難提起勁兒去做的。

可是，眞的沒有希望嗎？眞的連一點兒希望都沒有嗎！

第二天，我起得很早，天還沒亮。人才交流中心那位同志的話，不經意間又響起在我耳邊……，我忽然覺得自己應該去試試，只當一次演習好了。何況，我心裏也覺得希望就是希望，無所謂百分之一。

主意一定，我馬上找出各種可以證明我的能力的東西：發表在報刊上的文章、獲獎證書、報社的優秀通訊員證書等。我決定無論成與不成，都應該去試試。

現在，我知道該怎麼去做了。我所能夠努力的、能夠發揮的，是這件事的過程，沒有「過程」而去談「結果」，這無疑是空談。我很詳細地排好了這個「過程」的許多細節：先給公司的總經理寫了一封自薦信；兩天後，在他收到信的時候，我又打去了電話……

終於，我與公司總經理見面了。他不但親自接待了我，而且還很詳細地看了我帶去的資料，問了我的情況，他還說：「像你這樣自己上門來自薦擔任這樣重要職位的，沒有規定的學歷和資歷，而且又是個農村青年，這在我們這個小城是不多見的。」

停了一會兒，他又說：「我還得與公司其他成員商量一下，不過現在基本是可以定下來的，我看你下週一就來上班吧。」

這是眞的？這是眞的?!

這當然是眞的！

如今，我已成爲兩個駐京機構的負責人，連同我的男朋友一起從西北小城進入了首都，開拓著事業的新天地……

一個本來屬於別人的機會，別人不經意地放棄了，而這個女孩卻如獲至寶地緊握在手中，並努力地將它實現，這是她人生的一大收獲，其意義已遠遠地超出了事件的本身。相信在她以後的人生中，每每遇到艱難曲折之時，它都會化成一股神奇的力量，支撐著她一步一步地去實現自己的目標。

3.好運靠頭腦才能來臨

一個人到了走投無路的時候，即使最渺茫的希望，也會被他看作是救命的稻草。現在已經是一家私企老闆的李錚，在他寬敞的辦公室裏，講述了這樣一段特殊的經歷：

我原本在家鄉的煤礦區作推銷，聽說沿海城市賺錢很容易，便興沖沖來到了南方。到了才知道，這裏並非想像的那樣遍地都是機會，我奔波了半個多月都沒找到工作，錢也快花光了，我一下子陷入了恐慌之中。就在這時候，我看到了一家大型鞋廠招聘十二名推銷員的廣告，頓時興奮起來——我以前做過推銷工作，去應聘肯定沒問題。

我一大早就趕到那個遠離市區的工業區，原以爲我是最早的一個，沒想到鞋廠門口已經聚集了好多人。爲了節省幾個錢，我沒吃早飯，我早打好了如意算盤：今天的午飯就定在這家鞋廠吃了，彷佛我一定會成爲這家鞋廠的人，從此衣食無憂。上午九時，廠門口已經聚集了近三百名應聘者，雖然競爭激烈，但我依然信心十足，幾個辦事員過來檢查證件，不合格的靠邊站，合格的再排隊等候面試。

終於輪到檢查我的了，我迫不及待地將身份證、畢業證以及做推鎖員時的工作證遞給她，她看了看，禮貌地說：「對不起，我們要求有大專以上學歷，你只有高中文憑，不能參加面試。」我連忙向她解釋，說我有實際工作經驗，她依然禮貌地說：「對不起，必須要有大學畢業證。」我還想解釋，排在後面的人不耐煩了，我只好走開。

剛才還信心十足，沒想到連門都沒摸著。我在人群外站了一會兒，又過去排在另外一組應聘者的後面，這一組檢查證件的人員看上去很和善，說不定她會通融通融。但這位和善的人員卻不和善地讓我「快走開」，我實在不甘心就這樣離去，我相信自己的能力，也想讓廠裏的主管人員相信。

透過鐵柵欄，我看見一個中年男人，一直背著雙手站在旁邊，觀看招工的情景，看樣子是廠裏的高層管理人員。於是我向那人招手，他愣了愣，還是走了過來。看看他的工作卡，竟是廠裏的業務部經理。我將自己的情況跟他說了，說我雖然沒有大學畢業證，但我有多年的推銷經驗，能力應該比文憑更重要，說我相信自己能勝任這份工作。

經理看了看我的證件，說：「可是賣鞋跟賣煤是不一樣的啊。」我連忙反問他：「有什麼不一樣呢？無論是賣鞋還是賣煤，都同樣需要推銷經驗和推銷技巧。對一個推銷員來說，什麼產品並不重要，最重要的是怎樣去推銷，您說是不是？」經理點點頭，我又加了一句：「如果讓我到你們廠裏做推銷員，我保證讓銷售量翻一倍。」

也許是牛皮吹得太大了吧，反而引起經理的懷疑，他不置可否地笑笑，說：「你等等，等那些大學生面試完了，我讓你進來試試。」

於是，我又懷著希望站在廠門口等候，反正我也沒其他地方可去。然而我的肚子卻不讓我安心等候，已經快十一點鐘了，又沒有吃早餐。

我早已餓得有氣無力了，而面試的速度又很慢，一個一個填表、問話，到現在還有七八十個人排隊等著，看樣子起碼要到下午四、五點鐘才能做完。這時我已經不敢指望在這家廠裏吃午飯了。可是這家工廠附近只有一間雜貨店，要吃飯得穿過公路，再向前走到很遠的商業區去。我沒那個心思跑老遠去吃一頓飯，就忍住饑餓繼續看那些大學生面試。看來他們也餓得不行了，許多人無力地靠在牆上，也許和我一樣沒吃早餐吧，但他們又不敢走遠，怕錯過了面試。有人唉聲歎氣叫餓，說：要是有人幫忙買便當來就好了，我給他走路工。

聽了這話，我不禁靈機一動，這可是個賺錢的機會啊！我走上前說：「我幫你們買飯。」他們像是遇到救星似的，紛紛掏錢給我。他們主動給我跑腿的錢，我先是推辭，但我越推辭，他們越堅持要給，說幫人做事哪有不收錢的。我收了二十多個人的錢，然後穿過公路走到商業區，找到一家速食店，說要訂六十盒快餐，問價錢可不可以便宜一點，老闆說：可以，五十元一盒的四十元給你。我說先付一半的錢，你叫個夥計幫我把飯抬回去，順便收那一半的錢，老闆也答應了。

我和那夥計將六十盒飯抬到廠門口，將二十多盒交給那些託我買飯的人，剩下三十幾盒以每盒六十元出售，沒想到一下子就被那些餓慌了的人搶光了，我心裏直後悔沒多訂些，搞得我自己都沒得吃。我交了另外一半飯錢給店裏的夥計，數數剩下的我竟然賺了一千六百多元。

我高興得忘了自己還在等待面試，拿著錢就要走。這時聽見有人「喂，喂」直叫，回頭一看，是那個業務經理，他正朝我招手呢。原來他看見我賣飯的情景了，豎著大拇指說：「小夥子，不錯啊，有頭腦，看來剛才你不是吹牛皮，我決定破格錄用你為我廠的推銷員。」我一時還沒意識到命運有了轉機，竟傻乎乎地說：「等一下再說吧，我先去吃飯。」那個經理誤以為我是在故意吊他的胃口，其實我是因為賺了錢高興得忘乎所以了。經理說：「你別走了，到我們廠裏來吃飯吧，現在十二點鐘，剛好趕上吃午飯。」

我這才醒悟到自己好運臨頭，歡喜得不知說什麼才好。看來自己的如意算盤沒打錯，竟然真的可以去廠裏吃午飯。

表面看來，李錚是靠好運氣得到了夢寐以求的職位，但是，如果沒有靠靈活做事的頭腦展示出來的推銷員的素質，機會又怎麼會屬於他，他又怎麼會有今天更大的成功呢？

4. 有所準備，機會就能成就你

有一個人，在某天晚上碰到了上帝。上帝告訴他，有大事要發生在他身上了，他有機會得到很多的財富，他將成爲一個了不起的大人物，並在社會上獲得顯赫的地位，而且會娶到一個漂亮的妻子。

這個人終其一生都在等待這個承諾的實現，可是到頭來什麼事也沒發生。

這個人窮困潦倒地度過了他的一生，最後孤獨地死去。

當他上了天堂，他又看到了上帝，他很氣憤地對上帝說：「你說過要給我財富、很高的社會地位和漂亮的妻子的，可我等了一輩子，卻什麼也沒有，你在故意欺騙我！」

上帝回答他：「我沒說過那種話，我只承諾過要給你機會得到財富、一個受人尊重的社會地位和一個漂亮的妻子，可是你卻讓這些機會從你身邊溜走了。」

這個人迷惑了，他說：「我不明白你的意思。」

上帝回答道：「你是否記得，你曾經有一次想到了一個很好的點子，可是你沒有行動，因爲你怕失敗而不敢去嘗試？」

這個人點點頭。

上帝繼續說：「因爲你沒有去行動，這個點子幾年後給了另外一個人，那個人一點也不害怕地去做了，你可能記得那個人，他就是後來變成全國最有錢的那個人。還有，一次城裏發生了大地震，城裏大半的房子都毀了，好幾千人被困在倒塌的房子裏，你有機會去幫忙拯救那些存活的人，可是你害怕小偷會趁你不在家的時候，到你家裏去打劫、偷東西？」

這個人不好意思地點點頭。

上帝說：「那是你去拯救幾百個人的好機會，那個機會可以使你在全國得到莫大的尊敬和榮耀啊！」

上帝繼續說：「有一次，你遇到一個金髮藍眼的漂亮女子，當時你就被她強烈地吸引了，你從來不曾這麼喜歡過一個女人，之後也沒有再碰到過像她這麼好的女人了。可是你想她不可能會喜歡你，更不可能會答應跟你結婚，因爲害怕被拒絕，你眼睜睜地看著她從身旁溜走了。」

這個人又點點頭，可是這次他流下了眼淚。

上帝最後說：「我的朋友啊！就是她！她本來應是你的妻子，你們會有好幾個漂亮的小孩；而且跟她在一起，你的人生將會有許許多多的樂趣。」

這個人無言以對，懊惱不已。

我們身邊每天都會圍繞著很多的機會，包括愛的機會。可是我們經常像故事裏的那個人一樣，總是因爲害怕而停止了腳步，結果機會就這樣偷偷地溜走了。

只有及時抓住機會的人，才能取得人生的成功；而在有準備的人眼中，抓住機會、努力改變自己，更多的機會就會出現於眼中。

二〇〇二年夏天，鄭雯和韓寧大專畢業了。她們製作了精美的簡歷，開始了自己艱難的求職旅程，起初鄭雯和韓寧一樣，買了許多的信封郵票，一次次地到郵局寄求職信，然而她們等來的是一次次的失敗。終於鄭雯坐不住了，她決定改變戰術，主動出擊，首先，她到網路上下載了許多關於求職之道的資料，細心解讀後，先理了一個老少皆宜的髮型，然後又買了一套職業裝，還買回了大包的口香糖。再買信封，也是挑那種印刷精美、質地優良的，開始了新一輪的投送。

回音又不斷傳來，鄭雯又像趕場似的去面試。

然而結局還是跟沒理髮、沒嚼口香糖之前一樣。

屢戰屢敗的鄭雯，翻著手頭所剩無幾的面試通知書，心中好不淒涼。其中有一張通知是一家化妝品公司寄來的，這無意間提醒了她，家裏的洗滌用品該買了。

在商場裏，鄭雯看到了那家公司的產品，不知來了靈感還是怎麼回事，鄭雯似乎突然明白該怎麼做了。

她在商場泡了一整天，觀察有多少顧客光顧化妝品櫃檯，有多少人買了這家公司的產品。她小心翼翼地賠著笑臉，向售貨員小姐詢問有關化妝品的事情，得到了不少「情報」。

兩天後的面試，鄭雯又是嚼著口香糖去的，但這次她的口裏吐出不少關於化妝品市場的分析。

主持面試的那家公司的副總，是特地從上海趕來北京的，聽完了鄭雯的講述，率直地說：「鄭小姐，對不起！您剛才講的有很多錯……」

「哦！請您，請您再給我一次機會。」鄭雯帶著期望的眼神看著面前的副總。

「鄭小姐，聽我把話說完，儘管你講的很多情況是錯的，但你是所有應聘者中，惟一肯花時間到商店去看我們產品的人。我看你是一個有心的女孩，這樣吧，你明天來上班吧！」

一切是這麼的艱難，艱難是因爲自己以前沒有準備；一切又是這麼的簡單，簡單是因爲自己現在有了準備的頭腦；一切是這麼的偶然，一切又是這麼的必然。

就這樣，鄭雯上班了。幾年後，她憑藉自己有準備的頭腦，把握住了一次次的機會，終於坐上了行銷總監的寶座。而韓寧則因爲沒有找到合適的工作回老家結婚去了。

機會只給有準備的人，我們往往因爲害怕失敗而不敢嘗試，因爲害怕被拒絕而不敢跟他人接觸，因爲害怕被嘲笑而不敢跟他人溝通情感，因爲害怕失落的痛苦，而不敢對別人付出承諾。

能否把握機會，是決定人生能否成功、是否如意的關鍵；用一種積極進取的態度對待生活，我們的人生就會得到提升。機會不等人，千萬不要讓它從你指縫中溜走，否則你就會一事無成。

5. 沒有一步登天的梯子

成功與我們的距離並不遙遠，只要肯靜下心來做好手邊的事，不要想一下子就取得成功。路是一步步走出來的，想好現在該做什麼，然後努力地去完成，你就會離成功越來越近。

曾經聽過這樣一個故事：

在畢業二十周年之際，南京的同學組織了一場同學聯誼會。

聯誼會上，大家把一直還住在鄉間的原班主任用專車接了來。老人已年過古稀，頭髮全白了，手腳都已不便。同學們仿照原來教室的模樣，佈置了聚會的會場，要求各位同學按二十年前的座次坐好，將老師請到講臺前。

輪到同學座談了。大家講話中都先感謝老師的栽培。

班主任聽了也不說話，直到臨近結束，才站了起來，說：「今天我來收作業了。有誰還記得畢業前的最後一節課嗎？」

那天是個晴天，班主任把大家帶到操場上，說：「這是最後一節課了。我佈置一個作業，說易不易，說難不難。請大家繞這四百米操場跑兩圈，並記下跑的時間、速度以及感受。」說完便走了。

二十年後，老師說話了：「我離開操場後，在教室走廊上觀看了同學們作業的完成情況。現在，二十年後的今天，我對作業講評一下。跑完兩圈的有四人，時間在十五分二十秒之內。一人扭傷了腳，一人因爲跑得太快摔了跤，有二十三人跑過一圈後覺得無趣，退出後在跑道外聊天。其餘的嫌事小，沒有起步。」

大家驚異於老師記得如此清楚，一下子看到了老師昔日的風采，紛紛鼓掌。掌聲落下，老師繼續說：「我就這次作業，並結合七十餘年人生體驗，送給各位四句話：

其一，成功只垂青有準備的人；

其二，身邊的小蘑菇不撿的人，撿不到大蘑菇；

其三，跑得快，還需跑得穩；

其四，有了起點，並不意味就有了終點。

你們現在都是三十六歲左右的年紀，又處在世紀之交，尚不是對老師說感謝的時候。請多說說自己的人生作業。」

教室裏頓時鴉雀無聲。

人們常常抱怨命運的不公，常常感歎世道的不平，並總是在幻想著成功之花在一夜之間綻放，然而，天下哪有免費的午餐，要成功就得付出努力，即使如跑跑步這麼簡單的事。

成功也沒有別的捷徑，只能是腳踏實地，一環扣一環地前進，也就是人們經常說的「一步一個腳印」。再精巧的木匠，也造不出沒有根基的空中樓閣，任何偉大的事業，也都是由無數具體的、微小的、平凡的工作積累的，不願意幹平凡工作的人很難成大事，世間沒有突然的成功，成功的訣竅就是腳踏實地、實實在在地做事。

6.正確認識背運與好運

一個人不會永遠走背運，但也不會永遠好運連連。

「幸福的家庭都是相似的，不幸的家庭卻各有各的不幸。」生活在現代化的社會是很難的。它除了要求人們具有各種生活的知識與技能，還需要人們具有承受歡樂與打擊的能力。家庭的破裂、意外的災難、財產的損失、「飯碗」的丟失以及事業的挫折，常能使意志薄弱的人一蹶不振，而那些性格堅強的人，卻能夠使自己從泥濘中站起來，重新鑄造人生。

我們把來自外部的災禍稱之爲「客觀因素」，這些客觀因素對人的打擊，又可分爲不同等級：輕微的、嚴重的和致命的。

輕微的損失與傷害，我們普遍會採取不在乎的態度。因爲它只涉及到我們自身無足輕重的、甚至可有可無的利益。這種損失與傷害，我們能夠輕而易舉地承受與彌補。比如朋友丟失了你的一本書，陌生人無意間碰傷你的手，你不小心被小偷掏了錢包（錢包裏的錢不多），這些事一般不足以引起我們的憂慮。即便有，也只是短暫的惋惜，而且會隨著你的財產的富足和心胸的開闊，這種惋惜會逐漸減弱直至消失。當然，心胸狹隘、斤斤計較的人另當別論。

嚴重的損失與傷害會給我們帶來相當大的煩惱與痛苦，因爲它破壞了我們舉足輕重的利益。這種損失與傷害，在短期內，甚至在相當長時期內都很難彌補。比如火災、車禍、歹徒襲擊致殘或者失業、生意中落等等，你不可能無視這些因素造成的後果。

於是，不管你是達觀還是悲觀的人，都會進行痛苦的思索。

致命的損失與傷害往往是難以預料的。它通常突然襲來，使我們驚慌失措、悲痛萬分。它粉碎了我們生活中最寶貴的東西：心愛的人或者賴以生存的支柱。哀莫大於心死。有時候，僅僅粉碎了我們的一個信念，就可能導致痛不欲生的結果。

逆境才能出天才嗎？

生活中，有人抱怨：「我要是生活在戰爭年代就好了，那我也可以拿起武器爲祖國效勞！」有人哀歎：「和平時期，不可能有什麼建樹與創造！」有人辯解：「我過得太平靜了！」

不用說，這些都是膚淺的偏見。眞的非逆境不能出天才嗎？你眞的在戰爭年代就能成爲將軍、功臣、領袖人物嗎？和平時期，你眞的不能發揮本領嗎？未必。

誠然，一個人的出生不能選擇。但戰爭年代與和平時期成功的機率，卻不可同日而語。和平世界，你的生命不會時常受到威脅，你可以有良好的環境，正常地工作和學習，從事創造性的勞動。而戰爭歲月，你隨時都可能犧牲在炮火下面，在極端艱苦的條件下，學習根本得不到保障。如果你想成功，你就必須付出雙倍甚至多倍的代價。試比較一下：油燈和電燈，透風的草棚和寬敞的樓房，飛機的轟炸和電視裏的歡笑，野菜野果和牛奶麵包，哪種條件更能使你有成才的可能呢？

有人也許會說：點油燈、住草棚、挨轟炸、吃野菜野果更能激發人的熱情。這看法非常片面。儘管這樣的條件的確也出過不少人才，但逆境遠不是天才的搖籃。如果眞是那樣，我們還要什麼和平？還要什麼順境？還要創造什麼優越的條件？

實際情形是：逆境扼殺人才。從逆境中奮鬥出來的人才只占極小部分，他們是靠自己的毅力和外界的機會才掙脫出來，而大部分的人才卻被扼殺。

逆境猶如沼澤池，陷進去很難爬出來。順境猶如陽關道，只要你有勇氣，就能飛奔向前。

因此，你不必嚮往逆境，應該在順境中選好自己的目標，刻苦努力。你不必爲生活太平靜、太單調而煩惱，應該創造性地嘗試新的生活，獲得更多的樂趣。

有人說：「我出生在小山村，世世代代都是農民，這輩子注定沒出息。」有人說：「我生在動亂年代，丟掉了最寶貴的青春與機會，一切都耽誤了。」還有人說：「什麼都讓我趕上了，眞倒霉，活著有啥意思？」

這種悲觀論調是靈魂的腐蝕劑。「王侯將相，寧有種乎？」中國古代許多史實有力地證明：人的命，不是天註定。

美國總統卡特，曾經是個農民，拿破崙當過普通士兵，朱元璋也不過是個種田的，高爾基曾經是個流浪漢。

社會的政治、經濟、軍事、文化等諸方面因素，對人的成長無疑有著巨大的影響。但人具有主觀能動性，可以排除消極影響，接受積極影響。

換句話說：歎息解決不了問題。如果工廠破產，你只有另謀生路，歎息有用嗎？如果山洪暴發，你只有想辦法逃生，歎息有用嗎？如果飛機失事，落身荒野，你只有正視現實，歎息有用嗎？

在你歎息的時候，別人匆匆從你身邊走過，把你落得很遠，你越來越難追上別人。在你歎息的時候，別人已經鳥槍換炮，改變了環境，你眼紅手熱，只有羨慕和嫉妒。在你歎息的時候，別人埋頭筆耕，碩果累累，而你卻仍然面對著一張白紙。

立穩你的腳跟，踏踏實實往前走。一步一個腳印，時間會給你帶來變化與福音。當你從閉塞的山窩走上山頂，俯瞰一切的時候，你會覺得，從前被看成大山似的困難，現在算不得什麼了。

你征服了大山，你征服了環境，你征服了你自己，你還覺得生不逢時嗎？

7. 警惕餡餅背後的陷阱

釣魚的人要下餌，騙子往往先誘人以小利，許多「聰明人」在見到「好運」的時候，就忘了「天上不會掉餡餅」的道理，不加防備地走進人家設好的圈套。

十一歲的布魯克林和父親在芝加哥一條熱鬧的大街上漫步。經過一家服裝店，門口站著一個笑容可掬的圓臉男子。他一見布魯克林他們，立刻向他父親伸出手來，一副興高采烈的樣子，嚷嚷道：「先生您請進，歡迎您光臨本店！我們有一種漂亮的服裝，配您的身材再好也不過了！今天大減價，您可別錯過良機啊！」

布魯克林的父親說：「不，謝謝！」他們繼續散步。布魯克林回頭掃了一眼，那位能說善道的推銷員又纏上了另一個人。他抓著那人的胳膊，邊向他介紹一種藍色帶條紋的套裝如何如何，邊拉著他進了店鋪。

「這對康納利兄弟呀，」父親輕輕笑道，「他們靠裝耳聾賺的錢，已經供三個孩子上了大學。」

奇怪，裝聾也能發財？接著，父親為布魯克林解開了疑團。

原來，兩兄弟中的一個把顧客哄騙進店裏，勸說顧客試試新裝是易如反掌的，這樣前前後後擺弄一陣，顧客最後總要問道：「這衣服價錢多少？」

這位康納利先生把手放在耳朵上：「你說什麼？」

「這服裝多少錢？」顧客高聲又問了一遍。

「噢，價格嘛，我問問老闆。對不起，我的耳朵不好。」

他轉過身去，向坐在辦公桌後面的兄弟大聲叫道：「康……納利……先生，這套全毛服裝定價多少？」

「老闆」站了起來，看了顧客一眼，答話道：「那套嗎？七十二美元！」

「多少？」

「七……十……二美元。」「老闆」喊道。

他回過身來，微笑著對顧客說：「先生，四十二美元。」顧客自認爲走運，趕緊掏錢買下，溜之大吉。

這場騙局的妙處，就在於康納利兄弟的狡猾欺詐，與顧客急不可耐的上鉤配合默契，相映成趣。

生活中，這類的事情也屢見不鮮。

一天，牛大爺去城裏看望兒子兒媳，走在半路上，突然見到一個精美的首飾盒滾到他的腳邊。身旁的一個小夥子眼尖手快，急忙撿了起來，打開一看，裏面竟然有一條金項鏈，還附著一張發票，上面寫著某某飾品店監製，售價兩千八百元。牛大爺當即拽住小夥子，讓他在原地等候失主；可是等了老半天，還是沒人來領。

那個小夥子便小聲提議兩個人私分，說：「給我一千元，項鏈歸你。」邊說邊朝巷口走去。牛大爺一聽，這怎麼可以，但是看看項鏈，心裏就有點動搖了。他心想：「我可以把它送給我的兒媳婦，當年她嫁過來的時候，我們手頭不寬裕，也沒怎麼給她買過東西。這次去看他們，正好把這條項鏈送給她，她一定會很高興的，這也是我這個做公公的一番心意嘛。」

牛大爺的猶豫沒有逃過小夥子的眼睛，他更是一個勁地說這條項鏈有多好，今天運氣好才會遇到的。牛大爺經不住小夥子的游說，便說：「可是我沒有這麼多錢，我是來城裏看我兒子的，身上只帶了八百塊錢。」

小夥子故作大方地說：「這樣呀，沒有關係，我就吃點虧，誰叫您年紀比我大呢！」

於是，牛大爺就把好不容易湊到的八百塊錢給了小夥子，拿著那條金項鏈美滋滋地向兒子家走去。

一到兒子家，他便把路上的事情跟兒子兒媳說了，還拿出那條金光閃閃的項鏈送給兒媳婦。小夫妻倆一聽就不對，果然，那條項鏈根本就是假的。

牛大爺這才恍然大悟，原來人家設了一個陷阱讓他跳，於是他非常懊惱，因爲那八百塊錢是準備給還沒出生的小孫子買東西的。

牛大爺因爲貪吃天上掉下來的餡餅而掉進了圈套中，其實，這些陷阱都是人們自己挖掘的；人生最可怕的，莫過於跳進自己親手挖下的陷阱中！

一分辛苦一分收穫，世界上沒有不勞而獲的事情。不要被突如其來的實惠或好運迷惑，其實天上是不會掉餡餅的，但是，生活中的陷阱實在太多了。金錢、名譽、地位、美女、機會……，其實所有的陷阱都有一個共同特點，就是抓住人們愛貪便宜的心理，使人像中了魔似的不能脫身，毫不猶豫地掉進陷阱裏。掉進陷阱裏的人，全都是因爲貪戀不該屬於自己的東西，被不屬於自己的東西所誘惑，結果總是得不償失的。

有時候，僅需要蠅頭小利，就可以讓一些「聰明人」變成傻子，生活在這樣一個充滿誘惑的時代，你需要保存一份對世事的清醒，面對誘惑，多一些思索、多一份清醒，就不會被生活的陷阱欺騙、套牢了。

第三章
主動出擊
坐等機會只能丟掉機會
PART 3

機會無影無聲，來時不會提醒你，去時也不會通知你，機會需要自己去創造和把握。有的人一生中都在等待機會，就像那個守株待兔的農夫一樣，期盼著機會、好運能找上門來。但是，當機會迎面而來時，又猶豫不決、患得患失，於是一個一個的機會與他擦肩而過，留給他的只有無盡的自責和惆悵。

1. 機會需要自己主動去創造

很多人都相信：機會可遇而不可求，所以很多人就把他們寶貴的時間用在等候機會上。其實，如果你有過人的勇氣、睿智的頭腦、勤勞的雙手，那麼你也可以創造機會。

有這樣一個故事：

一個年輕人靠在一塊草地上，懶洋洋地曬著太陽。

這時，從遠處走來一個奇怪的東西，它周身發著五顏六色的光，六條腿像船槳一樣向前划著，使它的行走十分快捷。

「喂！你在做什麼？」那怪物問。

「我在這兒等待機會。」年輕人回答。

「等待機會？哈哈！機會什麼樣，你知道嗎？」怪物問。

「不知道。不過，聽說機會是個很神奇的東西，它只要來到你身邊，那麼，你就會走運，或者當上了官，或者發了財，或者娶個漂亮老婆，或者……，反正，美極了。」

「你連機會什麼樣都不知道，還等什麼機會？還是跟著我走吧，讓我帶著你去做幾件對你有益的事吧！」那怪物說著就要來拉他。

「去去去！少來煩我，我才不跟你走呢！」年輕人不耐煩地攆那怪物。

那怪物只好一個人離去了。

這時，一位長髯老人來到年輕人面前，問道：「你爲什麼不抓住它啊？」

「抓住它？它是什麼東西？」年輕人問。

「它就是機會呀！」

「天啊！我把它放走了。不，是我把它攆走了！」年輕人後悔不迭，急忙站起身呼喊機會，希望它能返回來。

「別喊了，」長髯老人說，「我告訴你關於機會的秘密吧。它是一個不可捉摸的傢伙。你專心等它時，它可能遲遲不來，你不留心時，它可能就來到你面前；見不著它時，你時時想它，見著了它時，你又認不出它；如果當它從你面前走過時，你抓不住它，那麼它將永不回頭，使你永遠錯過了它！」

「我這一輩子不就失去機會了嗎？」年輕人哭著說。

「那也未必，」長髯老人說，「讓我再告訴你另一個關於機會的秘密，其實，屬於你的機會不止一個。」

「不止一個？」年輕人驚奇地問。

「對。這一個失去了，下一個還可能出現。不過，這些機會，很多不是自然走來的，而是人創造的。」

年輕人甚是不解。

「剛才的一個機會，就是我爲你創造的一個，可惜你把它放跑了。」老人說。

「那麼，請您再爲我創造一些機會吧！」年輕人說。

「不。以後的機會，只有靠你自己創造了。」

「可惜，我不會創造機會呀。」

「現在，我教你。首先，站起來，永遠不要等。然後，放開大步朝前走，見到你能夠做的有益的事，就去做。那時，你就學會了創造機會。」

人不僅要能把握機會，還要能千方百計地創造機會。善於把握機會，利用機會完成創造是聰明的人，而在這種聰明的基礎上創造機會，讓機會爲我所用，則是更加了不起的人。

在一九八一年的時候，英國王子查理斯和戴安娜要在倫敦舉行耗資十億英鎊、轟動全世界的婚禮。

消息傳開，倫敦城內及英國各地很多工商企業都絞盡腦汁，想借此難逢的良機大發一筆。有的在糖盒上印上王子和王妃的照片，有的把各式服裝染印上王子和王妃結婚時的圖案。但在諸多的經營者中，誰也沒有一位經營望遠鏡的老闆想法奇妙。

這位老闆想，人們最需要的東西就是最賺錢的東西，一定要找出在那一天人們最需要的東西。

盛典之時，要有百萬以上的人觀看，將有一多半人由於距離遠而無法一睹王妃的尊容和典禮盛況。這些人在那時最需要的，不是購買一枚紀念章、買一盒印有王子和王妃照片的糖，而是一副能使他看清婚禮盛典的望遠鏡。

到了盛典那一天，正當成千上萬的人由於距離太遠，看不清王妃的尊容和典禮盛況而急得毫無辦法的時候，老闆雇用的賣望遠鏡的人出現在人群中。他們高聲喊道：「賣望遠鏡了，一英鎊一個！請用一英鎊看婚禮盛典！」頃刻間，幾十萬副望遠鏡搶購一空。不用說，這位老闆發了筆大財！

在人生道路上，機會有時不請自來，有時卻偏要你自己去求取，用心去創造。在這個事例中，英國眾多的工商企業都在利用王子的婚禮做文章，但他們只懂得抓住機會，卻不懂得創造機會。而經營望遠鏡的老闆卻創造出了難得的機會，說到底還是那位老闆比別人研究的更細一層，所以說，創造機會，眼力和勇氣是不可缺少的。

機會絕非上蒼的恩賜，優秀的人不會坐等機會的到來，而是主動創造機會；一個成功人士，絕不是一個逍遙自在、沒有任何壓力的觀光客，而是一個積極投入的參預者，善於創造機會，並張開雙臂擁抱機會的人，是最有希望與成功爲伍的。

2.要想主宰未來，只有主動出擊

我們先來看一個中國古代的關於老鼠的故事。

李斯出生於戰國末期，是楚國上蔡（今河南省上蔡縣西）人，少年時家境不太寬裕，年輕時曾經做過掌管文書的小官。

至於他的性格爲人，司馬遷在《史記．李斯列傳》中插敘了一件小事，能夠極形象地說明。據說，在李斯當小官時，一次到廁所裏方便，看到老鼠偷糞便吃，可當人或狗一來，老鼠就慌忙逃走了。過了不久，他在國家的糧倉裏又看到了老鼠，這些老鼠整日大搖大擺地吃糧食，長得肥肥胖胖，而且安安穩穩，不用擔驚受怕。他兩相比較，十分感慨地說：「人之賢不肖，譬如鼠矣，在所自處耳！」意思是說，人有能與無能，就好像老鼠一樣，全靠自己想辦法，有能耐就能做官倉裏的老鼠，無能就只能做廁所裏的老鼠。

這個小故事，形象地揭示了李斯的性格特徵，也預示了他未來的結局。

爲了能做官倉裏的老鼠，求得榮華富貴，他辭去了小吏職務，前往齊國，去拜當時著名的儒學大師荀子爲師。

荀子雖是繼承了孔子的儒學，也打著孔子的旗號講學，但他對儒學進行了較大的改造，較少地宣揚傳統儒學的「仁政」主張，多了些「法治」的思想，這很適合李斯的胃口。李斯十分勤奮，同荀子一起研究「帝王之術」，即怎樣治理國家、怎樣當官的學問，學成之後，他便要辭別荀子，到秦國去。

荀子問他爲什麼要到秦國去，李斯回答說：人生在世，貧賤是最大的恥辱，窮困是最大的悲哀，要想出人頭地，就必須幹出一番事業來。齊王萎靡不振，楚國也無所作爲，只有秦王正雄心勃勃，準備兼併齊、楚，統一天下，因此，那裏是尋找機會、成就事業的好地方。如果尙在齊、楚，不久即成亡國之民，能有什麼前途呢？所以，我要到秦國去尋找適合我個人的機會。

荀子同意李斯前往秦國入仕，但他告誡李斯要注意節制，在成功之際想想「物忌太盛」的話，不要一味地往前走，必要的時候要給自己留條後路。

李斯來到秦國，投靠到極受太后倚重的丞相呂不韋的門下，很快就以自己的才幹，得到了呂不韋的器重，當上了小官。官雖不大，但有接近秦王的機會，僅此一點就足夠了。處在李斯的位置，既不能以軍功而顯，亦不能以理政見長，他深知，要想嶄露頭角、引起秦王的注意，惟一的方法就是上書。

他在揣摸了秦王的心理，分析了當時的形勢後，毅然給秦王上書說：

凡是能幹成事業的人，全是能夠把握機會的人。過去秦穆公時代國勢很盛，但總是無法統一中國，其原因有二：一是當時周天子勢力還強，威望還在，不易推翻；二是當時諸侯國力量還較強大，與秦國相比，差距尚未拉開。不過從秦孝公以後，周天子的力量急劇衰落，各諸侯間戰爭不斷，秦國已經趁機強大起來了。現在國勢強盛，大王賢德，掃平六國眞是如撣灰塵，現在正是建立帝業、統一天下的絕好時機，大王千萬不可錯過了。

這些話既符合秦國及各諸侯國的實際情況，又迎合了秦王的心理，所以贏得了秦王的賞識，李斯被提拔爲長史。接著，李斯不僅在大政方針上爲秦王出謀劃策，還在具體方案上提出意見，他勸秦王拿出財物，重賄六國君臣，使他們離心離德，不能合力抗秦，以便各個擊破。這一謀略卓有成效，李斯因而被秦王封爲客卿。李斯在秦國開始崛起了，後來終於做到丞相的高位。

李斯受茅廁和糧倉裏老鼠的不同際遇的啓發，確定了自己的人生方向，那就是，要做糧倉裏的那隻老鼠。李斯是個有志氣的人，清醒的頭腦更爲他的志向插上了機會的翅膀，使他為自己選擇了一個與眾不同的起點。

李斯與大多數人一樣身處社會的底層，硬是憑著誓做一隻「強鼠」的志氣，和對周邊環境的清醒認識，使自己脫穎而出。他的經歷或許能令我們明白這樣一個道理：清醒的有志者才能擁有更多更好的機會，也才能主宰自己的未來——哪怕你只是一隻微不足道的小老鼠。

3.別讓「安分」束縛住自己

人生而不平等，如果只是一味抱怨自己爲什麼生在一個普通人家，而不是一位高官或富商的子弟，那麼他永遠也不會有什麼出息。一個人平常總會因爲自身條件的限制，遇到不順心的事，一味爲此生氣，不如承認現實，並鬥一口氣去改變這一現實。

一九二九年，林勇強生於中國上海。當時的中國正處於風雨飄搖之中：社會動盪，餓殍遍野。上海更是動盪不堪，外國駐中國使節頤指氣使，地痞惡霸們則是橫行無忌。就是在這樣的環境下，林勇強度過了他的中學時代。

一九四六年，林勇強的父親將他送到美國深造，以圖出息。

到了美國以後，林勇強毫不猶豫地選擇了金融專業。他先是進入康乃狄克州衛斯理安大學，後又轉入波士頓大學。

在波士頓大學讀書期間，林勇強學習刻苦，辦事努力認眞，是一個非常優秀的留學生。金融專業成績一直非常突出。僅用兩年時間，就獲取了經濟學學士學位。一九四九年，他二十歲，又獲得經濟學碩士學位。

此時，具有碩士頭銜的林勇強，卻陰差陽錯地到了一家規模、影響都不太大的股票經紀行——巴克公司，在公司裏當上了一名小小的初級證券分析員，週薪只有五十美元！顯然，他拿到的這張牌糟透了。

但他接受了，在他看來，金融市場與商品市場不同，金融市場是以資金代替商品進行交易，流通和使用的是成千上萬種證券和票據等信用憑證。

在金融市場中，最富傳奇色彩、最變幻莫測、最具吸引力，的莫過於股票交易了。而這恰恰能夠激發出自己非凡的創造力，可以挑戰自己的極限。

因爲賭著一口氣，林勇強就像一座噴發的「火山」，釋放出無窮的智慧與能量。他冷靜分析投資趨勢，科學判斷市場行情，果斷採取發展策略……，林勇強的努力，使公司基金的年收益以百分之五十的速度增長！如此高效益、高速度，在公司發展史上是絕無僅有的，在整個金融界也屬罕見。他通過在股票操作贏利中的提成，已擁有了公司百分之二十的股份。也就是在此時，林勇強的事業開始了一個新的階段。

傲慢與偏見歷來是西方人針對東方人的態度，尤其是某些美國人對華人，這種態度激怒了流淌著炎黃子孫血液的林勇強。一九六五年，公司董事長因年齡原因而退休，需有人接替。在這個問題上，外界和公司內部似乎已有定論，因林勇強的貢獻和長達七年的經營實踐，應是眾望所歸，非林勇強莫屬。他本人也頗爲自信，認爲從自己的才能和在公司所占的股份來看，勝券在握。林勇強躊躇滿志，開始醞釀新的發展計畫，決心在董事長的位置上將公司推向新的高度。

但是事情並非像他所想的那樣，退休的董事長卻在此時暴露出某些美國人對華人的偏執、狹隘、傲慢。他對林勇強的才華視而不見，對這些年公司取得的發展似乎無動於衷，在他的眼裏看到的僅僅是——黃皮膚的華人！在他以及絕大多數的美國人眼裏，華人是沒有資格或不配擔當公司裏的重要職務的。

實際上，對於林勇強來說，失敗和遭歧視是兩種性質的問題，而且是一個應該嚴肅對待的問題。這個帶有無端歧視的決定，深深觸動了林勇強那敏感的、自尊的神經。面對美國人對華人的偏見和傲慢，林勇強一怒之下，將自己在公司20%的股份悉數賣掉，並辭去經理職務。

在林勇強走出公司大門的那一天，他朝身後甩下了這樣的豪言壯語：「終有那麼一天，我要在華爾街建起一座大廈，一樓做銀行，二樓做財務公司，三樓做股票經紀公司，四樓做保險公司，五樓……使它成爲金融業的超級市場，我也將在這一天向所有忽視華人能力的人們發起挑戰！」

也就是在一九六五年，林勇強拿出賣股票所得的兩百二十萬美元的一部分，獨自註冊成立了自己的公司——林氏管理和研究基金公司，主要從事經營互惠基金和投資研究、諮詢等業務。

一九六九年二月，時年四十歲的林勇強已成爲曼哈頓互惠基金會董事長。由於林勇強的聲名和林氏公司的良好業績，此時的他正好利用這一點擴大自己的資本、實力和影響。於是，林勇強運籌帷幄、審時度勢，果斷向社會發行曼哈頓互惠基金股票。股票一上市就引起了轟動，許多人紛紛搶購，該股票的上市，一舉打破華爾街股票發行的紀錄！

有趣的是，那位曾懷有傲慢與偏見的董事長，與林勇強曾有一次不期而遇，他面有愧色，意欲迴避，林勇強卻不計前嫌，表現出素有的豁達與氣度。他還衷心地感謝這位董事長，因爲如果沒有他當初的傲慢與偏見，也許便沒有林勇強這樣一位「華爾街金融王子」的誕生。

華爾街拒絕那些神經質的弱者，因爲他們受不了華爾街的那種緊張氣氛與無形的壓力！在那裏，每天都有人在製造奇蹟，每天又都有人命喪商場。因爲他們接受不了那種一個小時前還是富翁，一個小時之後就是一文不值的乞丐。任何金融家一旦進入華爾街，便不會高枕無憂、閒情悠悠。社會上一旦稍有風吹草動，這些金融家們便會躁動不安，乃至瘋狂無羈、反復無常。因此他們必須敢於承受突如其來的毀滅性打擊。林勇強當然也不例外。

挫折終究來臨。在經濟大蕭條的背景下，美國的證券業急劇衰退，來勢之猛，令人始料不及。曼哈頓互惠基金因是新上市股，首當其衝，價格驟然狂跌，趨勢就如決堤的洪水，一瀉而下。林勇強雖多次投入資金試圖力挽狂瀾，但難以奏效。到一九七一年，林氏公司業績繼續下滑，曼哈頓互惠基金淨產值已跌落六百點！

最終，林勇強決定絕處求生、委曲求全。萬般無奈之下，他與芝加哥CNA財務公司幾經商談，忍痛將林氏公司的九成股權共計三千七百萬美元出賣了。而在當時，CNA財務公司是美國最大的保險公司。林勇強雖「避難」於該公司，職位卻不算低，收入也很可觀，況且他已擁有三千七百萬美元所得，也該安心了。

但是林勇強卻毫不滿足，他是不會固步自封的。因爲他生性不願受人掣制，不甘心接受別人發號施令，他仍鍾情於原來的林氏公司。一九七三年，美國證券業上空陰雲驅散，華爾街股票市場終於由淡轉旺，出現了一片玫瑰色的曙光。

這時，林勇強再次顯示出市場時機選擇的機敏、快速與智慧，他當即採取行動，出售了他在CNA財務公司的全部股份，辭去了職務，重整旗鼓，再度組建林氏公司。一九七五年，他所創辦的美林證券賬務經紀公司成爲美國最大的經紀公司。一九七八年，林勇強改變自己的經營戰略，採取併購手段。首先他以二百二十萬美元收購了一家財務控股公司，並任公司董事長兼首席執行董事。時隔不久，林勇強又通過公司控制了一家人壽保險公司。總行設在紐約的林氏公司，主要經營各種證券，尤其是投資各種有成長潛力的公司股票，並在波士頓、洛杉磯各地設有分行。

此時的美國經濟開始大幅度復蘇，他所投資的股份公司股票也順理成章地上漲，公司的實力已不同凡響。在美國金融界中，「林氏王國」已有了顯赫的聲名。

林勇強在金融界超凡的才能，不但受到各大財團、企業的矚目，也引起了美國容器公司董事長伍德希德的注意。

美國容器公司下屬有多家製罐廠，一九八二年以前，美國容器公司的銷售額徘徊不定，甚至出現利潤下降的現象。多年來，他們一直想在金融界求得發展，爲聘請林勇強加盟，伍德希德竟不惜以一．四億美元的現金，高價收購林氏公司的股權，並邀請林勇強擔任容器公司董事，全權負責容器公司財務和證券交易。林勇強接手工作後，以金融業務爲突破口，積極開展多樣化的業務，使得該公司業績直線上升。一九八四年，公司的資產已達二六．二億美元，銷售額為三一．七八億美元；證券業務更是令人驚歎，僅以一九八五年為例，容器公司下屬的各保險公司售出的保險單面額，高達七百七十億美元，其利潤可想而知。

一九八七年二月一日，林勇強成為了美國容器公司董事會首席執行董事和董事長。此時，以經營股票等證券業起家的林勇強，正式坐上了美國容器公司的「第一把交椅」，從而完成了他從金融業到實業的角色轉變。從此，在華爾街——這個令人又愛又恨的地獄與天堂俱兼的地方，「華人小子」成為了成功的代名詞。

也就是在這一天——在他完成從空對空的股票交易業，到辦企業的資本家的轉變，也就標誌著他真正邁向了成功！

在旁人看來，擁有高學歷的林勇強為了區區五十美元，屈身於小小的巴克股票經紀行，未免太不值。然而，林勇強卻把它當做一個良機。善於尋求更好機會的人手裏最小的牌，也比平庸而高貴者手裏最大的牌有用。

4. 懂得「樹挪死，人挪活」的道理

美國的詹姆斯博士，曾將強者和失敗者加以比較，他說：「失敗者壓制自然地、眞確地表達潛在的能力。如果他選擇的那條道路走投無路時，他不知道人生還有其他的路徑。他畏懼嘗試新的東西。他固守自己舊有的地位，他不是個創新者。他重蹈覆轍，他總是一再重覆家庭和文化的不幸。當事業和生活遇到無可挽回的困境時，當一個更有誘惑力、更有發展前途的目標向他招手時，失敗者沒有當機立斷、棄舊迎新的勇氣和毅力。」

兵法三十六計中有一計——「走爲上」，主張在戰鬥不利於己，且暫時無力扭轉的情況下，要引兵退卻、脫離險境、保存實力、等待良機。走爲上計的方略，對於政治、經濟、思想、文化領域的競爭也是適用的。在這裏，走爲上計的具體表現是「改換門庭」，更變單位，從甲地、甲單位轉往乙地、乙單位。

一個人事業的成功，既取決於主觀能力學識的強弱，又受到客觀條件的影響和制約。在主觀條件一定的情況下，客觀條件的好壞起到十分重要的作用。影響制約事業成

功的客觀條件有三種：一是工作條件，如資料、設備、單位的工作性質等；二是人際關係條件，如領導是否支持、關心下屬，同事之間關係是否融洽等；三是生活條件，如住房、孩子上學、買菜買糧等等。前兩個條件更爲重要。

生活實踐證明，年齡、能力、專業、性別、畢業學校等條件基本相同的同學，因爲工作單位的條件不同，一些年後，事業進展往往大不相同。比如，在條件優越的大學和研究院工作，占有豐富的科研資料，近水樓臺，得天獨厚，如果不是朝三暮四、主觀不努力，一般都會學有所成；反之，在條件較差的地方，要想獲得同樣的成果，不知要克服多少意想不到的困難。因此，花費差不多同樣大小的力氣，有的人成果累累，有的人卻兩手空空。難怪有人唉聲歎氣，埋怨自己投錯了地方。

單位條件的好和壞，主要取決於是否能夠滿足人的需要及滿足的程度大小。能夠最大限度地滿足大多數人利益需要的單位，就是好單位。但是，同一單位，對於生活於其中的不同個人說來，意義和價值是不同的，因爲人們的需要不同。單位的條件適合甲的需要，因此，對甲說來，單位是好的；同時，它不能滿足乙的需要，所以，乙認爲單位不好。

另外，單位的條件和人的需要都是發展變化的。曾一度被人說成絕無僅有的好單位，後來條件變差了，不適合人們的發展需要了；或者雖然單位的條件依舊，但人的需求提高了，他要追求新的更高的目標，原單位的條件已經遠遠不足……

無論在哪種情況下，一旦一個人覺得工作單位的條件不利於自己的發展，且較長時間內也不會出現轉機，那麼便應該當機立斷，走爲上計。古語云：「良禽擇木而棲，良臣擇主而事」，就是這個道理。

有一位青年學者，研究方向是西方哲學，可他現在所在的單位是某工科院校，講授馬克思主義公共課，該學校西方哲學的專業資料殘缺不全，研究課題與教授內容關係不大。更爲嚴重的是，在工科學校，從教師到學生，由於受專業所限，對西方哲學知之甚少，知音更談不到。他的專業發展受到極大的限制，非常苦惱。還有一位看起來很聰明的大學生，分配到了工作單位不久，就因一件小事和主管鬧僵了。該主管的度量也眞夠「大」的，在那以後，從不用好眼神看他。這小夥子也懂得「禮尚往來」，專找主管的彆扭，他以爲自己專業過硬、人人服氣，誰也無可奈何。誰知胳膊扭不過大腿，遇到提昇、晉級的「大事」，他總差人一等。他和主管的關係越來越僵，他本人的情緒也越來越壞，彼此之間拉開了「持久戰」。結果，他把充沛精力、寶貴年華，虛耗到無休止的爭吵中，令人嗟歎不已。

按著兵家「走爲上」的韜略，這兩位確實有必要一走了之。俗話說，人挪活，樹挪死。天下如此之大，單位如此之多，何必固守一隅，空耗時光呢？能夠審時度勢，及時改換門庭的是強者；不願改變，只知困守一城一池的是失敗者。

楚漢相爭的時候，劉邦手下大將韓信，東征西討，運謀定計，爲漢王朝的建立立下了卓著功勞。韓信最初並不是劉邦的人，而是項羽的侍衛、一名執戟郎官。在任項羽侍衛期間，韓信經常接近項羽，並屢次爲之獻計獻策。可是項羽根本看不起韓信，從來不肯採納他的意見。韓信見項羽剛愎自用、聽不進意見，就下決心離開他而去另謀出路。後來，因爲偶然的原因他得到蕭何的賞識。由蕭何力薦，被劉邦拜爲大將。在劉邦軍中，做出了一番驚天動地的事業。

三國時期，有一位謀士郭嘉。郭嘉當初是投奔袁紹去的，但相處一段時間，發現袁紹「好謀無決」，難濟天下大事，就反轉投奔曹操。他與曹操議論天下大事，深得曹操的賞識。曹操高興地說：「使孤成大業者，必此人也。」以後，郭嘉爲曹操出謀劃策，幫助曹操取得平定中原的勝利，也施展了自己的偉大抱負。

假使韓信、郭嘉，維持在項羽、袁紹手下，很可能默默無聞，遺恨終生。

5.猶豫不決的人，永遠找不到最好的答案

有這樣一則寓言：一頭驢在兩垛青草之間徘徊，欲吃這一垛青草時，卻發現另一垛青草更嫩更有營養，於是，驢子來回奔波，沒吃上一根青草，最後餓死了。驢子餓死，是因為沒有草嗎？不是，草足夠它吃飽的，可它確確實實餓死了。這是因為它把大部分的精力花在考慮該吃哪一垛草上，而沒有去實際吃草。

也許有人認為，我們人比驢子聰明多了，不會犯驢子一樣的錯誤。果真如此嗎？答案是否定的。

有一個故事，說的是一個父親試圖用金錢贖回在戰爭中被敵軍俘虜的兩個兒子。這個父親願意以自己的生命和一筆贖金來救兒子。但他被告知，只能以這種方式救回一個兒子，他必須選擇救哪一個。這個慈愛而飽受折磨的父親，非常渴望救出自己的孩子，甚至不惜付出自己的生命，但是在這個緊要關頭，他無法決定救哪一個孩子、犧牲哪一個。這樣，他一直處於兩難選擇的巨大痛苦中，結果他的兩個兒子都被處決了。

歌德曾經說過，猶豫不決的人，永遠找不到最好的答案，因為機會會在你猶豫的片

刻失掉。所以我們必須拋棄掉猶豫不決的習慣，即使是處在混亂中，也必須果斷地做出自己的選擇。

在聖皮埃爾島發生火山爆發大災難的前一天，一艘義大利商船奧薩利納號正在裝貨，準備運往法國。船長馬里奧敏銳地察覺到了火山爆發的威脅。於是，他決定停止裝貨，立刻駛離這裏。

但是發貨人不同意。他們威脅說現在貨物只裝載了一半，如果他膽敢離開港口，他們就去控告他。但是，船長的決心卻毫不動搖。發貨人一再向船長保證，火山並沒有爆發的危險。船長堅定地回答道：「我對於火山一無所知，但是如果維蘇威火山像這個火山今天早上的樣子，我一定要離開那不勒斯。現在我必須離開這裏。我寧可承擔貨物只裝載了一半的責任，也不繼續冒著風險在這兒裝貨。」

二十四小時後，發貨人和兩個海關官員正準備逮捕馬里奧船長，聖皮埃爾的火山爆發了，他們全都死了。這時候，奧薩利納號卻安全地航行在公海上，向法國前進。

試想一下，如果馬里奧船長有遲疑不決的習慣的話，那麼他會得到什麼樣的結局呢？毫無疑問，同火山一起毀滅。在一些必須做出決定的緊急時刻，你就不能因爲條件不成熟而猶豫不決，你只能把自己全部的理解力激發出來，在當時情況下做出一個最有利的決定。當機立斷地做出一個決定，你可能成功，也可能失敗，但如果猶豫不決，那結果就只剩下了失敗。

所以，我們要努力訓練自己在做事時當機立斷，就算有時會犯錯，也比那種猶豫不決、遲遲不敢做決定的習慣要好。

成千上萬的人雖然在能力上出類拔萃，但卻因爲猶豫不決的行動習慣錯失良機，而淪爲了平庸之輩。

6.橫下一條心，結果會大不相同

有一位作家說過：「世界上最可憐又最可恨的人，莫過於那些總是瞻前顧後、不知取捨的人，莫過於那些不敢承擔風險、徬徨猶豫的人，莫過於那些無法忍受壓力、優柔寡斷的人，莫過於那些容易受他人影響、沒有自己主見的人，莫過於那些拈輕怕重、不思進取的人，莫過於那些從未感受到自身偉大內在力量的人，他們總是背信棄義、左右搖擺，最終自己毀壞了自己的名聲，最終一事無成。」

一天，有一個在戀愛中的年輕人很想到他的戀人家中去，找他的戀人出來，一塊兒消磨一個下午。但是，他又猶豫不決，不知道他究竟應該不應該去，恐怕去了之後，或者顯得太冒昧，或者他的戀人太忙，拒絕他的邀請。於是他左右爲難了老半天，最後，他勉強下決心去了。

但是，當車一進他戀人住的巷子時，他就開始後悔不該來：既怕這次來了不受歡迎，又怕被戀人拒絕，他甚至希望司機把他現在就拉回去。

車子終於停在他戀人的門前了，他雖然後悔來，但既來了，只得伸手去按門鈴。現在他好希望來開門的人告訴他說：「小姐不在家。」他按了第一下門鈴，等了三分鐘，沒有人答應。他勉強自己再按第二下，又等了兩分鐘，仍然沒有人答應。他如釋重負地想：「全家都出去了。」

於是，他帶著一半輕鬆和一半失望回去了，心裏想：這樣也好。但事實上，他很難過，因爲這一個下午沒法安排了。

你能猜到他的戀人當時在哪裡嗎？他的戀人就在家裏，她從早晨就盼望這位先生會突然來找他，帶她出去消磨一個下午。她不知道他曾經來過，因爲她門上的電鈴壞了。那位先生如果不是那麼瞻前顧後，如果他像別人有事來訪一樣，按電鈴沒人應聲，就用手拍門試試看的話，他們就會有一個快樂的下午了。但是他並沒有下定決心，所以他只好徒勞往返，讓他的戀人也暗中失望。

瞻前顧後的行動習慣，使人喪失許多機會。很多時候、很多事情，如果我們能橫下一條心去做，事情的結果就會大不相同。

有個人聽說某公司招考職員，這公司的待遇優厚，遠景也好，他很想去試試。但是他怕自己能力不夠，又怕萬一考不取丟臉。於是他猶豫著，沒有下決心。直到最後，他發現另外一個比他條件差得遠的人居然考取了，他才後悔自己爲什麼不去試一試。

許多事是應該用勇氣和決心去爭取的。有一位先生，他是某公司的經理，他有一種不允許別人有機會擾亂他意志的長處。往往在別人還在他旁邊囉囉嗦嗦地敘述事情的困難的時候，他已經把他的辦法拿出來了，乾淨俐落，絕不拖泥帶水。

他那種明快果決的本領，十分使人折服。而我們一般人，卻常常做不到這樣。當我們遇到問題的時候，時常並不是對這問題的本身不能理解，而是我們往往被枝節的問題所困擾，因爲我們太容易被周圍人們的閒言碎語所動搖，太容易瞻前顧後、患得患失，以至於給外來的力量一種可以左右我們的機會。誰都可以在我們搖晃不定的天平上放下一顆砝碼，隨時都有人可以使我們變卦，結果弄得別人都是對的，自己卻沒有主意。這眞是我們成功途中的一個大障礙。

要想掃除這種障礙，自然第一得先訓練自己對眞理的判斷能力。但最重要的還是要訓練自己在判斷之後，堅定、勇敢、自信地去把這個判斷付諸行動。

對一個堅決朝向他的目標走著的人，別人一定會爲他讓路。而對一個踟躕不前、走走停停的人，別人一定搶到他前面去，絕不會讓路給他。

那麼，如何克服這種阻礙我們成功的習慣呢？經驗證明以下方法卓有成效，不妨可以去試：

做事時，要有「今天是我們生命中的最後一天」的「荒誕」意識。

「假如今天是我生命中的最後一天」，這是美國暢銷書《世界上最偉大的推銷員》的作者奧格．曼狄諾警示人生的一句話。真的，無論是誰，無論是想幹一件什麼事，如果優柔寡斷的話，就會一事無成。而這種意識，恰恰是一把利刃，可立即斬斷你的憂思愁縷；也像一口警鐘，督促你當機立斷、刻不容緩。

同時，你還要甩下包袱、不顧一切，要有一種豁出去的心態。「大不了就是做錯了」，「大不了就是被人笑話一頓」，而這些又能對你怎麼樣呢？一旦你有了這樣一種意識，肯定就會敢做敢當，優柔寡斷的現象肯定會在你身上消失得無影無蹤。

不要小看了優柔寡斷的習慣給我們帶來的副作用，許多足以改變命運的契機，都因為我們的優柔寡斷而與我們失之交臂，永不再來。所以我們一定要提醒自己：時刻想到，時刻去做，不要想得太多。

7. 等待無法創造奇跡

有一位滿腦子學問的教授與一位賣魚的小販比鄰而居，儘管兩人地位懸殊，知識水平、性格有天壤之別，可兩人有一個共同的目標：儘快富裕起來。每天，教授蹺著二郎腿，大談特談他的致富經，賣魚的小販就在一旁虔誠地聽著教授說：「只要給我一個機會，我就能成功！」小販非常佩服教授的學識與智慧，並且開始依照教授的致富設想去做。若干年後，小販成了百萬富翁、城裏的新貴，而教授還在家裏等著致富機會。

這位教授可能有一百種致富方法，但他卻很難成爲眞正的富翁，因爲他習慣了消極等待，缺少行動精神。消極等待的習慣除了磨去我們的銳氣，讓我們一事無成外，沒有任何好處，所以，絕不能讓這種惡習控制了我們，應該隨時提醒自己：一切的一切毫無意義——除非我們付諸行動。

有這樣一個故事：有個落魄的中年人，每隔三兩天就到教堂祈禱，而且他的禱告詞幾乎每次都相同。

「上帝啊，請念在我多年來敬畏您的份兒上，讓我中一次彩票吧！阿門。」

幾天後，他又垂頭喪氣地回到教堂，同樣跪著祈禱：「上帝啊，爲何不讓我中彩票？我願意更謙卑地來服侍您，求您讓我中一次彩票吧！阿門。」

又過了幾天，他再次出現在教堂，同樣重複他的祈禱。如此周而復始，不間斷地祈求著。

終於有一次，他跪著祈禱說：「我的上帝，爲何您不垂聽我的祈求？讓我中彩票吧！只要一次，讓我解決所有困難，我願終身奉獻，專心侍奉您……」

就在這時，聖壇上空傳來一陣宏偉莊嚴的聲音：「我一直垂聽你的禱告。可是，最起碼，你也該先去買一張彩票啊！」

這個中年人其實是很可笑的，他希望能中彩票，解決自己的困難，那麼他爲這個目標做了什麼呢？除了等待上帝賜予這樣的機會外，他甚至連一張彩票都沒買過。生活中，許多人也像這個落魄的中年人一樣，習慣於等待好事情的發生，而自己卻不爲自己的夢想付出一點努力，到了最後，他們的夢想只能是「竹籃打水一場空」。

有一位名叫曼迪的美國女孩，她的父親是西雅圖有名的整形外科醫生，母親在一家聲譽很高的大學做教授。

她的家庭對她有很大的幫助和支持，她完全有機會實現自己的理想。她從念大學的時候起，就一直夢寐以求地想當電視節目的主持人。

她覺得自己具有這方面的才幹，因爲每當她和別人相處時，即使是陌生人，也都願意親近並和她長談。她知道怎樣從人家嘴裏「掏出心裏話」。她的朋友們稱她是他們的「親密的隨身精神醫生」。

她自己常說：「只要有人願意給我一次上電視的機會，我相信我一定能成功。」

她在等待奇蹟的出現，希望一下子就當上電視節目的主持人。這種奇蹟當然永遠也不會到來。因爲在她等奇蹟到來的時候，奇蹟正與她擦肩而過。

我們不能不爲曼迪感到惋惜，如果不是習慣於等待，她是很有可能獲得成功的。故事還沒完，曼迪有個同班同學雪利，也非常喜歡主持人的工作，不過說實話，她的條件要比曼迪差多了，她來自紐約的一個貧民家庭，她沒有曼迪漂亮，沒有曼迪會說話，但她卻是個敢想敢幹的姑娘，「想到了就要去爭取」，是她的口頭禪。大學畢業後，她白天在醫院工作，晚上就去上播音主持的培訓課，有機會就向各電視臺投簡歷，結果三年後，雪利成了一個頗受觀眾歡迎的節目主持人。

兩個懷著相同夢想的女孩，最終卻得到了兩個不同的結局，一個成功，一個失敗。之所以會產生這種結果，就是由於一個習慣消極等待，而另一個卻習慣主動出擊。等待是毫無意義的，如果你希望實現夢想，那就要努力去爭取，只是坐在家裏等待有用嗎？不行動是無法成功的。

電影《劉三姐》中唱道：「竹子當收你不收，筍子當留你不留，繡球當撿你不撿，空留兩手撿憂愁。」行動就能擁有一切，等待便一無所有。

8. 要出擊，更要堅持到底

歐陽智安是一位調酒冠軍，小時候他熱愛足球，但卻因爲個子矮而被足球隊淘汰。二十歲時，他迷上了花式調酒，從此，他爲了這個夢想而四處偷師學藝。一次，歐陽在一個酒吧裏當雜工，以期能找機會學習調酒。有一天，他在配果間裏練甩瓶子，可還沒練上五分鐘，經理就推門而入，把桌子上來不及收拾的果汁往他臉上抹，邊抹還邊破口罵粗話。那一刻，歐陽委屈極了，眼裏有淚，卻堅持著沒讓它流出來……

但歐陽還是有辦法練習調酒。從配果間到台位，要經過吧台。每次經過吧台的時候，歐陽總是把腳步放到最慢，爲的是記住大師兄的一招一式，聽清楚他和顧客怎麼交談；經理不在的時候，他便早早地把分內的事作完，再尋機幫大師兄做這做那，偷偷留意大師兄的調酒配方。配方全是英文的，他每次都囫圇記下，等有空的時候，再去找對應的瓶子。

調酒師不認識洋酒怎麼行？酒吧每天都要把各種洋酒從櫥櫃裏擺到吧臺上，下班之後再收回去。歐陽主動把這活兒攬下了，他給所有的洋酒都貼上中文標籤，然後每天利用擺酒收酒的短暫機會，瞭解這些酒的顏色、包裝與味道。經過一個月的強化記憶，他總算把這些洋酒熟記於心。

正是由於擁有堅持到底的習慣，歐陽智安用兩年的時間，把自己變成了一個世界調酒冠軍。

二〇〇一年十月，歐陽在丹麥首都哥本哈根的世界調酒比賽上，獲得了花式調酒單項冠軍。

如果沒有堅持到底的好習慣，歐陽智安就無法面對學藝過程中的諸多困難，更無法成爲一個世界冠軍了。習慣也有好壞之分，堅持就是一個能給你帶來成功的良好習慣，堅持，再堅持，是每個苦苦探索、最終成功的人的必經之路。

中國古代大哲人荀子說：「騏驥一躍，不能十步，駑馬十駕，功在不捨。」這正充分地說明了堅持的重要性。駿馬雖然比較強壯，腿力比較強健，然而它只跳一下，最多也不能超過十步，這就是不堅持所造成的後果；相反，一匹劣馬雖然不如駿馬強壯，然而它若能堅持不懈地接連走十天，照樣也能走得很遠，它的成功在於走個不停，也就是堅持不懈。這也就像是龜兔賽跑：兔子腿長，跑起來比烏龜快得多，照理說，也應該是兔子贏得比賽，然而結果恰恰相反，烏龜卻贏了這場比賽。這是什麼緣故呢？正是因爲兔子沒有堅持到底，它自恃腿長，跑得快，跑了一會兒就在路邊睡大覺，似乎是穩操勝券。然而烏龜則不同了，它沒有因爲自己的腿短、爬得慢而氣餒，而是更加鍥而不捨地堅持爬到底。堅持就是勝利，它勝利了，最終贏得了比賽，也贏得了大家的尊重。

著名作家傑克．倫敦的成功，也是建立在堅持之上的。他在學習寫作時，堅持把好的字句抄在紙片上，有的插在鏡子縫裏，有的別在曬衣繩上，有的放在衣袋裏，以便隨時記誦。他終於成功了，成爲了文學界的一代名人，然而他所付出的代價也比其他人多好幾倍，甚至幾十倍，同樣，堅持也是他成功的保障。

成功的到來，總是需要時間的，因此，「堅持」就顯得極其重要了。有的人成功，就因爲他比別人多堅持了一下；另一些人失敗，也只是因爲他沒能堅持到最後。

另外，在遇到困難的時候，更要堅持，就像比阿斯說的：「要從容地著手去做一件事，一開始就要堅持到底。」所有的成功者都可以證明：是堅持成就了人生的輝煌。

二十世紀七〇年代是世界重量級拳擊史上英雄輩出的年代。四年多未上拳台的拳王阿里，此時體重已超過正常體重二十多磅，速度和耐力也已大不如前，醫生給他的運動生涯判了「死刑」。然而，阿里堅信「精神才是拳擊手比賽的支柱」，他憑著頑強的毅力重返拳台。

一九七五年九月三十日，三十三歲的阿里與另一拳壇猛將弗雷澤進行第三次較量（前兩次一勝一負）。在比賽進行到第十四回合時，阿里已精疲力竭，瀕臨崩潰的邊緣，這個時候，即使一片羽毛落在他身上，也能讓他轟然倒地，他幾乎再無絲毫力氣迎戰第十五回合了。然而他拼命堅持著，不肯放棄。

他心裏清楚，對方和自己一樣，也是只有出的氣了。比到這個地步，與其說在比氣力，不如說在比毅力，就看誰能比對方多堅持一會兒了。他知道此時如果在精神上壓倒對方，就有勝出的可能。於是他竭力保持著堅毅的表情和誓不低頭的氣勢，雙目如電，令弗雷澤不寒而慄，以為阿里仍有著充裕的體力。這時，阿里的教練敏銳地發現弗雷澤已有放棄的意思，他將此資訊傳遞給阿里，並鼓勵阿里再堅持一下。阿里精神一振，更加頑強地堅持著。果然，弗雷澤表示認輸，甘拜下風。裁判當即高舉起阿里的臂膀，宣佈阿里獲勝。這時，保住了拳王稱號的阿里還未走到台中央，便眼前漆黑、雙腿無力地跪在了地上。弗雷澤見此情景，如遭雷擊，他追悔莫及，並為此抱憾終生。

其實，當你已經下定決心為自己的目標奮鬥下去時，就連艱辛的付出也會變得讓人心曠神怡。

但如果只是淺嘗輒止、畏懼退縮，你所能得到的，只能是一連串的沮喪和失意。最後，你甚至會失去生活和工作的樂趣。

我們都知道「愚公移山」的故事，但近來很多人叫囂著「愚公眞愚」，認爲「愚公精神」不應提倡，他們的理由是：如果不是兩位大仙幫忙，而眞靠人力去搬，把幾代人的生命都耗在未來不可知的事情上，又有什麼意義呢？乍一聽，這話眞的很有道理啊，生命何其短暫，幹嘛把一生都耗在一件沒有把握的事上呢？可是我們稍微推敲一下，就可以看出此論的漏洞來了。

想當初，如果劉備沒有愚公的那點傻勁，沒有幾次三番地跑到諸葛亮住的茅草屋裏，死乞白賴地要諸葛亮幫忙，一個只想在亂世裏平安度日的諸葛亮，又怎麼會跑去做劉備的智庫呢？正是愚公的精神，才感動了大仙去搬山。

卡耐基曾說過：「朝著一定目標走去是『堅』，一鼓作氣、途中絕不停止是『持』。一切事業的成敗，都取決於此。」所以，如果你眞想達到你的目標，就要遇事堅持到底，能夠抓住機會的人，就是能夠堅持到底的人。

9.半途而廢，只能把機會變成噩夢

兩個女孩都沒有考上大學，以後的路該怎麼走呢？兩人商量一下，決定向餐飲業發展，兩個女孩的想法很有意思，她們不是到飯店打工，而是自己開了小店當老闆。她們在一個商業區附近開了間小而乾淨的飯館，並且只接受附近寫字樓上班族訂餐，一開始她們吃盡了苦頭：四點多鐘就要去早市批菜，回來後趕緊洗菜擇菜，給廚師準備，然後又蹬著三輪車挨個寫字樓跑，受人白眼、奚落是經常的事……；終於，A女孩決定放棄了，她再也忍受不了這樣的辛苦。親戚介紹她去做公車售票員，她去了。B女孩卻沒有放棄，她相信自己一定會獲得成功。五年後，兩個女孩又見面了，A女孩還在做她的公車售票員，B女孩卻自己買了車和房，成爲了一個小有名氣的小老闆！

A女孩被困難擊倒了，選擇了放棄，結果她也放棄了一個美好的前途；遇到困難就想逃避、放棄的習慣，讓她的生活變得平庸。輕易放棄，是導致人生失敗的最常見的原因，一個人如果無法改掉遭遇一時不如意就撤退的習慣，那她就只能與成功擦肩而過。

淘金之風正熾時，美國人阿迪的伯父達比也迷上了「淘金熱」，於是隻身跑到美國西部去挖金礦，好實現他的發財夢。他從來也沒有聽說過「有史以來，從土裏挖出金礦，從來都沒有從思想中挖得的財富多」這句話，就認領了一塊土地，拿著鐵鍬和十字鎬，開始動手挖掘。

苦幹了好幾個星期之後，他總算發現了亮晃晃的金砂，頗有收穫。可是他沒有機器把礦砂弄上地面，便不聲不響地離了礦，回到他的家鄉馬里蘭州的威廉斯堡，把他走運的發現告訴了親友。大家湊足了錢買機器，並把機器運去礦場。阿迪也跟著伯父去挖礦。

挖出來的第一車礦砂送到冶金廠提煉，結果證明他們挖到的，是科羅拉多最豐富的礦藏之一。再多挖上幾車的礦石，他們就可以清償債務，隨後的進賬就可以多得嚇死人了。

挖金的礦鑽不斷往下延伸，送上來的，是阿迪和伯父的希望。然而，這時情況不妙了，因爲礦脈突然間消失，礦藏已不再，他們彷彿到了山窮水盡的盡頭。他們不停地鑽，拼死拼活想重新找到礦脈，結果徒勞無功。最終，他們不得不就此甘休。

他們把器材僅以數百元的價格，賣給了一位舊貨商，然後搭火車回家。這位舊貨商邀請了一位開礦工程師去看礦坑，做實地的地質測量。結果發現，原來計畫之所以會失敗，是因爲礦主不熟悉「斷層線」所致。據工程師的推斷，礦脈就在「達比歇手處的下方三英尺」。結果礦脈果眞就不偏不倚地在斷層線下三英尺處露臉。

在成功的路上，相當一部分人都被一種壞習慣所控制，他們隨時準備好抽身後退，棄目標於不顧，一碰到反對信號或壞機運，就半途而廢，結果他們永遠也得不到他們夢寐以求的成功，阿迪和他的伯父就是這種習慣的犧牲品。後來阿迪先生成爲了一名壽險銷售員，他徹底改掉了輕易放棄的習慣。遇到拒絕時，他總要提醒自己：「只差三尺就要挖到黃金了，我絕不放棄！」阿迪先生因爲鍥而不捨的精神而受益無窮，他後來躋身於年收入逾百萬美元的精英之列。

也許你很喜歡吃「肯德基」，那麼，你是否知道肯德基的創辦經過呢？

肯德基的創辦人桑德斯上校六十五歲時，才開始從事這個事業。

那麼，是什麼原因使他終於拿出行動來了呢？因爲他身無分文且孑然一身，當他拿到生平第一張救濟金支票時，金額只有一〇五美元，內心極度沮喪。他不怪這個社會，也未寫信去罵國會，而是心平氣和地自問：「到底我對人們能做出何種貢獻呢？我有什麼可以回饋社會的呢？」隨之，他便思量起自己的所有，試圖找出可爲之處。

頭一個浮上他心頭的答案是：「很好，我擁有一個人人都曾喜歡的炸雞秘方，不知道餐館要不要？我這麼做是否划算？」隨即他又想道：「我眞是笨得可以，賣掉這個秘方所賺的錢，還不夠我付房租呢！如果餐館生意因此提升的話，那又該如何呢？如果上門的顧客增加，且指名要點用炸雞，或許餐館會讓我從其中抽成也說不定。」

好點子固然人人都會有，但桑德斯上校跟大多數人不一樣，他不但會想，而且還知道怎樣付諸行動。隨之，他便開始挨家挨戶地敲門，把想法告訴每家餐館：「我有一個上好的炸雞秘方，如果你能採用，相信生意一定能夠提升，而我希望能從增加的營業額裏抽成。」

很多人都當面嘲笑他：「得了吧，老傢伙，若是有這麼好的秘方，你幹嗎還穿著這麼可笑的白色服裝？」這些話是否讓桑德斯上校打退堂鼓呢？絲毫沒有，因爲他還擁有天字第一號的成功秘訣，我們稱其爲「能力法則」，意思是不懈地拿出行動：無論你遭受了什麼樣的失敗，都不能放棄，你只能從中學習，找出下次能做得更好的方法。桑德斯上校確實奉行了這條法則，從不爲前一家餐館的拒絕而懊惱，反倒用心修正說詞，以更有效的方法去說服下一家餐館。

桑德斯上校的點子最終被接受，你可知先前被拒絕了多少次嗎？整整一千又九次之後，他才聽到第一聲「同意」。在過去兩年時間裏，他駕著自己那輛又舊又破的老爺車，足跡遍及美國每一個角落。困了就和衣睡在後座，醒來逢人便訴說他那些點子。他爲人示範所炸的雞肉，經常就是果腹的餐點，往往匆匆便解決了一頓。歷經一千又九次的拒絕，整整兩年的時間，有多少人還能夠鍥而不捨地繼續下去呢？眞是少之又少了，也無怪乎世上只有一位桑德斯上校。我們相信很難有幾個人能受得了二十次的拒絕，更別說一百次或是一千次的拒絕。然而，這也就是成功者的可貴之處。

很多人都說自己爲了得到機會，付出了許多努力，嘗試了很多次，可就是不見成效。他們所說的很多次，可能只不過是三次或五次，但因爲不見成效，結果就放棄了再嘗試的念頭。你應該知道，每個成功前面都有很多不如意，你只有一個個地戰勝它們，才是眞正地把握住了機會，也才能夠達成自己的心願。

10.主動出擊，也要講求方式方法

人們曾做過這樣的一個試驗：他們把一隻蝴蝶放飛在一個房間裏，它會拼命地飛向玻璃窗，但每次都碰到玻璃窗上，在上面掙扎好久、恢復神志後，它會在房間裏繞上一圈，然後仍然朝玻璃窗上飛去，當然，它還是「碰壁而回」。

其實，旁邊的門是開著的，只因那邊看起來沒有這邊亮，所以蝴蝶根本就不會朝門那兒飛。

追求光明是多數生物的天性。它們不管遭受怎樣的失敗或挫折，總還是堅決地尋求光明的方向。當我們看見碰壁而回的蝴蝶的時候，應該從中悟出這樣一個道理：有時，我們爲了達到目的，選擇一個看來較爲遙遠、較爲無望的方向，反而會更快地如願以償；相反的，則會永遠在嘗試與失敗之間兜圈子。

有一位留學法國的電腦博士，畢業後在法國找工作，結果連連碰壁，許多家公司都將這位博士拒之門外。這樣高的學歷，這樣吃香的專業，爲什麼找不到一份工作呢？萬般無奈之下，這位博士決定換一種方法試試。

他收起了所有的學位證明，以最低的身份去求職。不久他就被一家電腦公司錄用，做一名最基層的程式輸入員。這是一份稍有學歷的人就不願去幹的工作，而這位博士卻幹得兢兢業業、一絲不苟。沒過多久，他的上司就發現了他的出眾才華：他居然能看出程式中的錯誤，這絕非一般輸入人員所能比的。這時他亮出了自己的學士證明，老闆於是給他調換了一個與本科畢業生對口的工作。過了一段時間，老闆又發現他在新的崗位上遊刃有餘，還能提出不少有價值的建議，這比一般大學生高明，這時他才亮出自己的碩士身份，老闆又提升了他。

有了前兩次的經驗，老闆也比較注意觀察他，發現他還是比碩士有水平，對專業知識的廣度與深度都非常人可及，就再次找他談話。這時他才拿出博士學位證明，並敘述了自己這樣做的原因。此時老闆才恍然大悟，並毫不猶豫地重用了他，因爲老闆對他的學識、能力和敬業精神早已瞭解了。

與這位博士相反，許多年輕人初入社會時，往往把自己的一堆頭銜、底牌全部亮出來，誇耀自己，結果或者讓別人反感而難以與人合作，或者招來很高的期望值，結果卻讓人失望，稍有失誤便難以翻身。

直來直去會給我們帶來很多麻煩，轉彎抹角卻能避開障礙，讓我們得到更多機會，走得更順利。看來，有時候轉彎抹角並不是在耽誤時間、浪費精力，而是爲了讓我們更好地前進。

在現實生活中，人們無論做什麼，都習慣於直來直去，結果費了不少力氣，卻沒見到什麼成效，如果他們能學會兜個圈子的話，那麼行動起來就會更順利。

11.快人一步，占盡先機

很多商界成功人士在創業之始就與眾不同，他們起步就快人半拍：金花集團總裁吳一堅初涉商海，以六百元人民幣闖海南，半年搏回三個億；興寶董事長張興民第一次向俄羅斯出口二十萬噸積壓白糖，就淨賺四億元；軟體大王宋朝弟第一次營銷，一天淨賺五百多萬元。起步的成功，爲他們走向巨富打下了基礎，縮短了成功的距離，成爲行業的領跑者，先人一步搶佔市場制高點。

那麼，如何讓自己成爲起步的贏家？

陳東升，下海經商之前發現，在中國現階段，最好的創富途徑就是「模仿」，看外國有什麼而中國沒有，就可以做起來。有段時間，他經常在電視上看見類似的消息：某人在倫敦蘇士比拍賣行買了一幅名畫，然後電視畫面上是一位長者，站在拍賣臺上，「啪」地敲一下槌子。他想，中國有五千年的文化，有豐富的文化遺產，這個一定能做起來。於是，他創辦了中國第一家有國際拍賣概念的拍賣公司——中國嘉德國際拍賣有限公司。第一次拍賣額就達一千四百萬人民幣。陳東升的成功，源於他在起跑之前對一種商機的獨到發現。

海王集團總裁張思民，在下海經商之前，看了《第三次浪潮》這本書，書中寫到海洋生物商機無限，於是，他從北京南下深圳，想從海裏撈取一種叫牡蠣的東西，希望從牡蠣裏提出精華物，然後轉化成膠囊。然而，半個月後，他身無分文，剩下的只是一個夢，一個關於海洋藥物的夢。就是這個夢引來了澳大利亞的投資者出資一百萬美元，成立了「海王藥業有限公司」，由張思民控股，第一年銷售一百萬元，第二年銷售三百萬元，第三年銷售一個億。張思民的起步之秘訣，是在他起跑前選準了一個好項目——商機無限的海洋生物。

贏在起步的企業中，也有第一步走對，中途遭挫而一改初衷，結果前功盡棄的企業。因此，贏在起步，就不能讓它輸在結尾。

湖北九龍集團公司董事長汪愛民，在她上任時，廠裏虧損嚴重，她決定選準一個救活企業的產品。後來她根據市場需求，選準了「整體式汽車動力轉向器」。該產品試產成功後，因「一無資金，二無市場」，不但沒有給廠裏帶來福音，反而債臺高築，企業陷入更深的困境。有人建議，將這個產品放一放，再尋找一個「短、平、快」的產品，來解決全廠職工吃飯問題。汪愛民覺得，「整體式汽車動力轉向器」既然是一個好產品，就不應該推翻初衷。眼前沒有資金，應該籌集資金；沒有市場，應該開拓市場。汪愛民找到了一家港商合資，聯合經營這個產品。

產品出來後，銷路出現問題。又有人動搖：「積壓那麼多產品銷不動，還不停產，豈不是要我們廠死？」汪愛民仍然不改初衷，爲產品四處找銷路。一九九五年，東南亞國家向「一汽」訂購一萬輛裝有整體動力轉向器的汽車。深知汪愛民產品質量過硬的一汽，一次就向他定購六百台，一九九六年增到三千台，一九九七年達到六千台，一九九八年至二〇〇一年，九龍集團連續四年保持利稅在五千萬元以上，企業資產總額從一千六百萬元增加到三．六億元……，創業的成功與否，起步是關鍵。

寓言「龜兔賽跑」的新版本是：說龜兔重新賽跑，賽跑開始後，烏龜按規定路線拼命向前爬，可當它到了終點，卻不見兔子，正在納悶之時，只見兔子氣喘吁吁地跑過來，烏龜問其緣由：「半路又睡了一覺？」兔子哀歎道：「睡覺倒沒有睡，卻跑錯了路線。」兔子輸給烏龜，輸在哪裡？輸在起步時選錯了方向。

瞅準機會，快人一步，開創商機，就可以使人們一步領先、步步領先。

第四章
能決善斷
正確的抉擇，贏得最佳機
PART 4

我們一生當中面臨許多抉擇的十字路口：就業還是繼續求學？先成家還是先立業？是忍辱負重還是另攀高枝？諸如此類的選擇題，會不斷地困擾我們，這其中也許沒有惟一的答案，但有一個信條你不能忽略：你只有做出了正確的選擇，才能贏得最佳的機會。

1. 至少要有七成勝算，才可計畫行事

《孫子兵法》中說：「多算勝，少算不勝，由此觀之，勝負見矣。」

這裏的「算」是指「勝算」，也就是制勝的把握。勝算較大的一方多半會獲勝，而勝算較小的一方則難免見負。又何況是毫無勝算的戰爭，更不可能獲勝了。

戰術要依情勢的變化而定，整個戰爭的大局，必須要有事先充分的計畫，戰前的勝算多，才會獲勝，勝算小則不易勝利，這是顯而易見的道理。如果沒有勝算就與敵人作戰，那簡直是失策。因此，若居於劣勢，則不妨先行撤退，等到有可乘之機時再做打算。無視對手的實力，強行進攻，無異於自取滅亡。

《孫子兵法》在這裏所表達的意思是，凡事不要太過樂觀，一旦大意輕敵，將陷入無法收拾的可悲境地。這個道理在中外歷史上屢屢應驗，把握機會也是如此。如日本在第二次世界大戰時偷襲珍珠港，美軍毫無防備，結果太平洋艦隊幾乎全軍覆沒。而日本當時勝算可謂極小，卻仍然不顧一切地發動戰爭，其後果當然可想而知了。日本人自古以來，便以此種冒險式的「玉碎戰法」而自我炫耀。

這種傾向，在其現代企業經營策略之中亦極明顯。的確，從某個角度來看，這種積極果敢的經營形態，是造就經濟繁榮的因素之一，但是這種做法雖然適用於基礎的建立，卻難以持續發展下去，沒有把握的戰爭不可能一直僥倖獲勝，終究會碰到難以克服的障礙。因此，當我們要開創事業或者拓展業務時，最好還是有制勝的把握再動手。

在任何時代、任何國家，有資格被尊爲「名將」的人，都有個大原則，即不勉強應戰，或者發動毫無勝算的戰爭。如三國時的曹操便是一例。他的作戰方式被譽爲「軍無倖勝」。所謂的「倖勝」，便是僥倖獲勝，即依賴敵人的疏忽而獲勝。實際上，曹操的制勝手段確實掌握相當的勝算，依照作戰計畫，一步一步地進行，穩穩當當地獲取勝利。

中國歷史上的諸葛亮和世界歷史上的凱撒大帝等人，均是善於運籌帷幄，才建立了不朽的功動。

雖說把握勝算，然而經濟活動是人與人之間的戰爭，所以不可能有完全的勝算。因爲其中包含著許多人爲的因素，諸如情感因素在內，無法確實地掌握。不過，至少要有七成以上的勝算，才可進行計畫。

而要做到有把握，就必須知彼知己。孫子說：「不知彼而知己，一勝一負；不知彼，不知己，每戰必敗。」這句話雖然很容易理解，實際做起來卻頗難。處於現代社會中的人，均應以此話來時時提醒自己，無論做何種事，均應做好事前的調查工作，確實客觀地認清雙方的具體情況，才能獲勝。

人生有時候還是需要運用「不敗」的戰術來穩固現況。就像打球一樣，即使我方遙遙領先，仍需奮力前進，掌握得分的機會。荀子說：「無急勝而忘敗。」即在勝利的時候，別忘了失敗的滋味。有的人在勝利的情況下得意忘形、麻痹大意，結果鑄成意想不到的過錯。需知「禍兮福之所倚，福兮禍之所伏」，在任何情況下，都要預先設想萬一失敗的情況，事先準備好應對之策。

拿企業經營來講，一個企業在從事經營時，必須事先設想做最壞的打算，擬好對策，務必使損失減至最低限度。如此一來，即使失敗了，也不會有致命的傷害，這一點至關重要。就個人來講，如果有了心理上的準備，情緒上就會放鬆，遇到問題也會從容不迫地解決。

2. 見機而動，是立功成名的訣竅

「布衣三尺取天下」的劉邦，可謂是善於見機而動的有爲之人。他本是秦朝的一個小官，但當他看到秦末「山雨欲來風滿樓」的形勢後，便帶領一批人跑到大山中，密謀起事。後來，他的那支起義部隊成爲一支勁旅，最後從項羽手中奪得天下，建立了劉漢王朝。

具有雄才大略的唐太宗李世民，更是善於見機而動。在取得天下之前，他不像劉邦只是一介布衣，而是出身貴族官僚家庭，父親李淵爲隋朝命官，統率太原數萬軍隊。但他看到隋朝強弩之末的形勢後，立即勸說父親舉起反隋大旗，最後建立了李唐王朝。

見機而動，關鍵是要善於看準機會。而這需要敏銳的眼光，並在有七分把握的條件下當機立斷、勇於實踐，否則，時機稍縱即逝，永遠抓不住機會，也永遠得不到成就事業的甜美果實。

機會難得，而如果有了機會，你又不能抓住，遲遲難以下決斷，就不能成功。「當斷不斷，必有後患」，這句話在許多人競爭同一目標的情況下往往很正確。

怎樣才能迅速地審時度勢呢？調動你所有的器官，去觀察、去感覺、去傾聽，如果有必要，去嗅、去嘗。當遇到蘊含贏利可能性的情況時，要全神貫注，忘掉一切，即使魯莽點兒也無妨。儘快收集各有關情況，做到心中有數，然後快速做出決斷，從而在競爭中佔據領先優勢。

當機立斷、隨機應變，是指在客觀條件發生變化的情況下，做出恰當得體、有理有節的反應，進而維護自己的地位和利益。

隨機應變，關鍵是要會「變」。歷史上有不少隨機應變的事例。春秋時期，有一次秦兵企圖偷襲鄭國，大軍已開到離鄭國不遠的地區，而鄭國還蒙在鼓裏。這時，鄭國一個名叫弦高的牛販子得知這個消息後，急中生智。他一面派人星夜趕到鄭國國君那裏報信，一面假扮成鄭國的使臣，挑選幾十頭肥牛，乘著一輛車，迎著秦兵而去。與秦兵將領相遇後，弦高便自稱是受鄭國國君之命，備了點薄禮來慰勞秦軍，並稱國君正厲兵秣馬、訓練軍隊。秦軍將領一聽，大吃一驚，以為鄭國早有了準備，便改變計劃、班師回朝了。

社會競爭活動，經常面臨變幻不定的客觀現實，在迅速變化的形勢面前，以不變應萬變，循規蹈矩，是不會成為成功的競爭者的。

3.困難面前的決斷，體現把握機會的水平

我們都知道拿破崙，困難對於拿破崙來說，那是家常便飯。

一八一二年的十月，對著空空的莫斯科城，拿破崙面臨著一大堆的困難，食物短缺，看到的是走在莫斯科大街上，衣不蔽體的法國士兵。寒冷的俄國已不再適合他們待了。拿破崙下令撤離莫斯科。

當時，大雪紛飛，氣溫奇低。法國士兵有的被嚴寒凍死了，有的開了小差，士氣比氣溫更低。在漫長的雪道上行走，還時不時遭到俄國人的伏擊。

俄國人三番五次地重點進攻拿破崙的騎兵，摧毀他的炮兵。拿破崙召開了高層軍事會議，將軍們愁眉苦臉地看著他。他聽完將軍們介紹的各種困難後，一點兒也不著急，只是靜靜地看著他們，若無其事地說：

「你們認爲這算困難嗎？這叫作什麼危難！沒有什麼大不了的。我們會解決的，我就是一個從困境中長大的人，逆境教會了我如何解決困境。」

皇帝的鎮定鼓舞著將軍們。面對著軍營外的冰天雪地，他們似乎感到拿破崙的堅強

和勇氣。於是他們進行安撫士兵的工作。

皇帝的信心同時也鼓舞著士兵們，隊伍繼續撤退，拿破崙被迫丟掉了許多輜重。而且他的炮兵、騎兵一點點地被俄國人吃掉，軍隊已經顯得凌亂不堪。這簡直就是一場痛苦的撤退，士兵們的士氣又在一步步降低。

對於拿破崙來說，他本人並沒有氣餒，他知道，只有一條路，就是充滿信心，那就能成功。也許，這是他進行戰爭以來所面臨的第一次痛苦。

撤離的痛苦沒有擊倒拿破崙，然而更有雪上加霜的危難考驗著他。

當通訊員將一紙消息遞給拿破崙後，拿破崙不聲不響地看著，上面寫著的是鎮守巴黎的將軍弗蘭斯起兵發動政變，佔據了巴黎，並宣佈廢除拿破崙的皇帝頭銜。

這一消息使軍隊發生了震動，但拿破崙憑著他的威信，很快地將這個震動平息。他是一個騎著戰馬馳騁在戰場上、勇於鬥爭的皇帝，他果斷地下了命令。一方面，他命令將軍們安撫士兵，一方面，他和克蘭儲將軍帶領一些隨從從雪道返回巴黎。

在白茫茫的遼闊的草原上，拿破崙和克蘭儲將軍立在雪橇上，雪橇在草野上飛馳，像一支飛翔的俄羅斯的大鷹。而他——拿破崙，有如太陽般的偉人，朝著他的法蘭西馳去，他神情肅穆地和克蘭儲談著話。

克蘭儲用崇拜的眼光看著他，並不斷提出善意的批評。他被拿破崙的眞誠、開誠佈公所感動。他感覺到他們不是去阻止一場政變，而是去進行一場小小的遊戲。

穿著皮毛大衣，蜷縮著凍僵的身子的拿破崙，聽著克蘭儲善意的反對意見，就想去揪克蘭儲的耳朵，但他那厚厚的皮帽，使他根本找不到機會下手。拿破崙便笑了，說：

「你這個傢伙，現在看問題還像個小孩子。」

「我們到巴黎只不過是去平息一場小小的誤會罷了，一切都會好起來的。」

受了拿破崙的鼓舞，克蘭儲和隨從們都感覺到沐浴在春風裏。他站在雪橇上，似乎在自言自語：「我現在渴望和平，能有個和平的世界，那該多好啊！」

到達華沙後，拿破崙並沒有急於公開自己的身份，他很想去瓦特維士城看望瑪莉．瓦賴福士。但克蘭儲極力提出說時間寶貴，而且他也得知伯爵夫人已去了巴黎。

於是，拿破崙從別人那裏得到了一輛四輪馬車，便把雪橇扔掉，馬不停蹄地向巴黎趕去。

到了巴黎後，他沒有公開露面，而是先到皇后的臥室裏。瑪莉第一眼看到他時十分吃驚。他得意地說：「我回來了，我是來拿回我的皇位的。」

瑪莉在他懷裏哭開了，說：「皇帝，你一定會的，一定會的。」

拿破崙略作休息後，便和克蘭儲溜進了軍隊，接見了另外兩名將軍，當士兵們聽說皇帝回來了，於是整個軍營便開始沸騰起來。

士兵們便開始互相議論：「皇帝回來了！」「皇帝回來了！」

拿破崙發表了即興演講，鼓舞士兵們和他一道解除政變。這場政變正如拿破崙所說的那樣，只不過是小小的一場誤會罷了。拿破崙重新獲得皇帝的稱號，重新佔據了巴黎。

對於一個成功的經營者來說，並沒有順利的坦途，或多或少要遇到困難，有的則困難重重。怎樣面對困難、處理困難則是一個很重要的問題；重視困難、正視困難，克服一個又一個困難，那便能獲得好的轉機，得到新的機會，從而衝出一番新天地。對領導人如是，對普通人亦如是。

4. 勇於決斷，方能抓住機會

人的一生走到什麼地步，都是自己遇事決斷、抓得住機會的結果。實際上，「決斷」並不是件高不可測的事情，我們每個人每天都在做著決斷——今天去辦什麼事？哪個先哪個後？甚至朋友交往、家居生活等等，每一件事都需要決斷。這些小事的決斷，影響著一個人的成長，更重要的是，在人生可能出現轉機的重要關頭，決斷力對一個人一生的成就起著決定性的影響。這裏有一個故事，通過這個故事的主人公張果喜的處世成功經歷，我們應該能體會到決斷與處世的因果關係。

在江西余江縣的縣城裏，張家是個窮戶頭，出生在這個窮家裏的張果喜，雖然自幼便聰明好學，父親卻沒讓他多讀書，一者，家裏沒錢過日子，養不活一個食量很大的少年人，再者，那時時興「讀書無用」的口號，讀了也白讀。

於是，在十三四歲時，才讀了一年初中的張果喜，便讓父親送進了余江農具修造廠去當學徒，學做木匠，賺自己的那份工資。

張果喜也不違抗父親的指令，去做木匠，也就很認真地學起來。他的頭腦靈活，什麼東西一學就會，一點就通，三年學徒下來，做出的活比師傅還好一截，於是小小年紀就成了二級細木工，成了他們那個七十多人的大工廠裏的主要生產骨幹。因爲別人的活幹得不如他強，還有，他雖然年紀小，卻不知爲何很得眾人的喜歡，工廠的一些事有時主任拿不定主意，還向他討教呢。

結果，這年就出了一樁在那個修造廠來說算得上奇怪的事情。這個木工工廠的老主任突然得急病死了，要替補一個新的工廠主任，廠長一瞭解，再一徵詢工人意見，竟做出了讓張果喜這個年僅十七歲的少年人來當工廠主任的決定！

張果喜當了工廠主任，倒也有板有眼，像模像樣，該做什麼活，誰合適做，他都很清楚，佈置得嚴密無誤。那兩年工廠主任幹下來，不要說本工廠的那些比他年長的木工們服了他，就是修造廠其他工廠部門的人看著聽著，也都覺得此人不簡單，日後會有大出息，說不定熬到哪天，就會讓他當上這個廠的廠長。

誰想，張果喜當了兩年工廠主任後，卻突然向廠裏「發難」，鬧起一場天大的風波來。

說天大的風波，也不算過火。因爲他竟向廠長書記們提出，要把修造廠的木工工廠分出去，另外辦一個廠子，不做原先的那種活了。

張果喜先跟主管們說起了理由。也不能說他沒理由，余江縣的這個農具修造廠，辦起來一二十年了，所做的活也就是木犁、木耙、打穀桶、糞桶之類的農具，可時下農民錢也不多，新的買不起，舊農具壞了，自己能修就修理好了，所以偌大的一個修理廠，生意清淡得要命；木工工廠更是三天兩頭沒活幹。因爲過去做出來的木犁、木耙，還有許多堆在門市部，沒有賣出去呢。

工人沒活幹，工資也就成了問題，沒錢發工資，工人向工廠主任這個小領導要，工廠主任向廠長要。廠長只會說，你們沒幹什麼活，怎麼能發工資呢？

這樣張果喜這個年輕的工廠主任就難當了。他像關在風箱裏的老鼠，只能兩頭受氣。年少氣盛的張果喜受不了，看著外面一些私人木匠都在做傢俱或是別的木匠活，而他們卻只能做這種沒人要買的木犁、木耙，這不是活憋著受罪嗎？

結果他想了好久，又與一些志向相投的年輕夥伴一商量，提出了從修造廠分離出去另外辦個木器廠的要求。這在現在看來是很合理的事。

但在過去，這就有些搞分裂，搞「宮廷政變」的意味了，這可不得了。修造廠是大集體企業，一個鐵桶般可靠的，上有領導，下有數百職工的大廠，怎麼可以由著一個小木匠信口雌黃、說分就分出去呢？

於是就鬧起來了，鬧得很凶，張果喜正當年輕氣盛，是個天不怕地不怕的人，既然鬧大了，也不在乎了，乾脆就宣佈領著一些工人獨立了。後來好歹由主管部門來做工作，才算正式讓張果喜等人分出去，另辦一個工藝雕刻廠。

那個大木工工廠七十多人，自願隨張果喜分出去另開工廠的只有二十一人。其餘的那些工人甘願在原廠坐等，也不想出來冒風險。一些中國人的天性就是這樣，也無可奈何。這些人後來都後悔了，但也有些晚了。

才滿二十一歲的張果喜一聲招呼，帶著二十來人出外開工廠。出是出來了，可是這個廠到底怎麼能辦成功，也還是一樁沒一點底的事呢。就是最起碼的廠房門面，也要花錢啊！可他們這些「造反」出來的，上級部門不追究罪責已經算便宜了，給他們撥款建廠是絕不可能的。銀行貸款也不行，他們的行爲算得上是出格了，誰知道這些搗蛋鬼貸了款去，以後債能不能還上？

就只有一個辦法了：各自湊錢，把廠辦起來。

這是張果喜想了幾天幾夜才想到的惟一一個辦法。他這個帶頭「搞分裂」的，自然要帶頭出錢，而且要出得最多。他手上沒錢，家裏也沒存款。只有一個弄錢的法子，賣住房。他向老父親開口，先是遭到拒絕，他再三再四地懇求，老人看出兒子不這麼辦，也就再也沒法在余江站住腳，才忍痛把自己的住房賣掉，賣了一千四百元，全部用作分廠的資金。

其他的二十來人看到張果喜連住房都賣了，深受感動，紛紛想法子弄點錢來一起籌集資金。有的變賣家裏的用具、自行車什麼的，有的把一點點積蓄拿出來。這樣，就算是把開工廠的基本資金落實了。

這樣，在張果喜的帶領下，工廠總算辦了起來，並取了個響亮的大名：「余江工藝木雕廠」。張果喜被推舉爲廠長。

可是，就在廠子辦起來時，他們中的不少人對眞正的木雕工藝有哪些要求和訣竅還不明白呢。誰讓他們原來都是做木犁木耙的木匠呢。

在這些人中，大約惟有張果喜隱約聽說過什麼是工藝木雕，而他最動心的，還是因爲得知了這樣一個事實：同是用木頭做出來的東西，叫了木雕以後，價值就會高上好幾倍，甚至幾十倍！

他要搞木雕，也就是要想法得到這比普通木器更高的利潤！

可是，說起來也可笑，雖然張果喜知道有很値錢的木雕這一說，卻也沒有親眼看到那種値錢的木雕是哪裡出產的，又都是雕的什麼東西。他這個廠長除了跟手下工人說木雕如何值錢以外，也沒有別的可說了，更不知道該怎麼做！

好在他的腦子靈活。既然把廠子拉起來了，也湊起了一筆錢，於是，這個年輕廠長做出了第一個重要的決定，就是由他帶著三個工人，走出余江，到外面的世界去看看，一定要看清楚值大錢的木雕是什麼樣的。

這一行四人身負重任，一路奔波就到了上海。

在去上海的路上，有人告訴他，在上海有個工藝品進出口公司，那是專門負責把國內的一些產品往國外銷的大公司，能打進那裏面去，廠家賺利潤可就多了。

張果喜得到了這一個消息，興奮不已，即刻與三個夥伴商定，到了上海，就去工藝品進出口公司。到上海後，東打聽西詢問，果眞就讓他們找到了工藝品進出口公司，看到了那裏的陳列室裏擺放的一些陳列產品。

張果喜和他的夥伴不禁大爲驚訝。同樣大小的樟木箱，在余江出售只不過標價二十到三十元，可是在這裏擺著的，同樣是樟木箱，也不過在箱邊上雕上了一些蛟龍雛鳳和花舞蝶下的花樣，居然標著三百元的驚人高價！居然會有這樣的主顧，單是爲了一些在鄉下人看來毫無實用價值的雕龍刻鳳，付出那麼高的價錢？

不管怎麼說，張果喜的主意早已定下了，一定要做這種雕花樣的樟木箱子！他急匆匆地與工藝品進出口公司的人說，這種雕花箱子他們也能做，他們那裏能雕這種花樣的師傅可多呢。說了一大通吹牛的話。

旁邊的三個老實的同伴聽著，臉上反倒有些不好意思了，哪裏會啊？我們那幫人連怎麼拿雕刀刻鑿都不懂。他們當然不敢出聲，只是看著張果喜跟對方談生意，此時他們看出張果喜的能耐來了。

就這樣竟然就讓他說通了，定下了做二十只雕花木箱的活兒。不過對方言之鑿鑿，如果質量達不到像陳列室那種標準，那就不必送到上海來了。送來了也白送，不會收下的，你們懂了吧？

張果喜連連說懂了懂了，我們會做得比這種樣品還要好上一倍！然後就大著膽子把合同簽下了。讓一邊的三個夥伴看了心裏直發毛：乖乖，他還眞是膽大包天啊！說簽合同就簽下了，也不想想自己身上有幾兩重？

但張果喜卻不管這些了，簽下了合同，就請那位與他們談合同的同志吃了一頓飯，在飯桌上向那人旁敲側擊地探問，眼下做得最好的雕工師傅出在哪個地方？

那位同志告訴他，一千多年以來，中國木雕手藝最好的出在浙江的東陽。清朝皇帝紫禁城裏的雕龍刻鳳的龍椅寶座，就是請了浙江東陽的木雕師傅去做的。眼下進出口公司出口的木雕工藝品，大多也是從東陽定的貨……

張果喜心裏就有底了。於是告別了上海，再乘火車回到了余江。

這一來，可把他那些木匠兄弟嚇壞了，要說弄個別的還勉強湊合，要讓他們雕出龍鳳花樣賣到外國去，那不是要他們的好看嗎？過去他們做的那些農具，連農村的農民都不大看得上眼呢！

有人年紀比張果喜大，就毫不客氣地指著他責怪道：「這不是唱滑稽戲嗎？這麼難的東西，怎麼做得出來？古話說：老來不學木匠，現在要我們這些老木匠老來再學木雕，不是要我們好看嗎？」

廠外的那些人說的話就更難聽了，嘲笑道：「張果喜也眞是吃了豹子膽了，也不掂掂自己的骨頭有幾兩重，怎麼敢誇下這樣的海口，攬下這種活？就憑這些做木犁、木耙的笨木匠，能雕龍刻鳳做出雕花箱子，我能把它一口吞下肚裏去。」

張果喜聽著種種議論，心裏雖說也不痛快，但也忍住了，只是一心一意地想著如何把這二十只雕花木箱做出來。只有把它高質量地做成了，那種種議論和懷疑自然也就煙消雲散了。

他把廠裏的二十來人召攏來，把困難實實在在地擺出來。這些人裏面除了一個姓吳的師傅，小時候隨一個師傅學過幾天雕刻房樑的基本技法之外，其他人都沒玩過木雕活，一下子讓大家做也不可能。不過話說到這裏，也要說一句，什麼事都是人做出來的，人家能做，我們也能做。困難雖大，大不過人的膽子，大不過人要吃飯、要活下去的決心。

他一番動員，穩定了軍心，然後點兵點將，撥出一部分人進山去選砍合適的木料，另一撥人安排出去學習手藝。

做雕花傢俱的木材要求木質細膩、鬆軟，有光澤。一般的杉木松木和普通雜木都不行，就只能進到山裏去，自己選擇那種香樟樹、黃楊木、白果樹等原料。此事重大，張果喜挑了一撥人馬，都是二十多歲的小夥子，自己出馬帶隊去了鄉下。

他們一行人在山裏東挑西揀，看中了哪棵樹，就與當地村子的農民商量，談價錢，因爲他們的錢實在不多，就算能省一分也要省下一分來。談妥了價格，就自己動手砍樹，砍完了以後，也是自己動手拉，用兩輪車，兩三人一組地把樹拖回縣城去。這樣有十天時間，就把所需的木料都備齊了。

然後，張果喜又帶著幾個技術較好的木匠出門去學手藝。

學手藝的地方是浙江東陽。他們一行人冒冒失失地就去了那裏，拿出介紹信來，客客氣氣地向人家懇求：我們是專程從江西余江縣趕來學木雕手藝的，請你們一定發揚風格，教我們學手藝……

那是二十世紀七〇年代初，還大談「龍江風格」呢。幾句好話一說，對方也就同意了，都是同行，又都是集體的，相互幫助是應該的。東陽木雕廠的人也很大方，就讓他們在廠裏學習手藝了。

有了學藝的地方，張果喜等人就下了苦功夫，認眞刻苦地學起來了。俗話說，功夫不負有心人，他們原來都會做各種木工活的，木雕雖難，也只是使鑿刀推刨等物在木頭上下功夫而已，再加上東陽的那些師傅也眞心教他們，所以學了半個來月，這幾個人也都學到了一些最基本的技法，有些入門了，教他們的東陽師傅還直誇張果喜等人腦子眞聰明！

要不是時間緊，張果喜還很想多學一些技術。但是與上海進出口公司簽的合同可只有兩個月！扳扳手指頭已經過去了一個月，眼下箱子還沒做成一隻呢！無奈也只好打道回府。

張果喜領著學手藝的幾個人回到余江，這裏已經按著他的布置，把一批箱子的粗坯打好了，接下去該做的，就是看他們這些外出學藝的人，能不能施展手法，把箱子的邊角四周雕上龍鳳花樣了。

張果喜等幾個人這下也真是鴨子逼著上了架，也只能硬上了。一開始手勢不順、緊張，時常要雕壞坯子，到後來手上順了，活兒就做得好起來。張果喜把第一個雕成的木雕板拿出來給眾人看時，大家都說：好，雕得真好！那三個隨他去過上海的夥伴說，就這樣做成木箱，送去上海一定沒問題！

這就有了信心。於是連日連夜地幹。不到一個月的時間裏，張果喜和幾個負責雕刻的師傅，手上都讓刻刀磨出了水泡，也沒停歇過一時半天。

二十只箱子總算在規定期限的兩個月內完工了。看上去，這些做工很精細的樟木箱子，一點也不比上海陳列室裏的那只樣品差到哪裡，於是張果喜也放心了，將這二十只木箱托運到上海，他也隨同一起去了。

他把箱子送到進出口公司，讓那裏分管這方面工作的同志一檢驗，果然一下子就通過了，而且還稱讚說：不錯，你們的做工很不錯，看得出是吃過多年雕工飯的老師傅做的活。

張果喜聽了此話，肚裏暗暗好笑，卻不敢說，只是趁機與對方談起下批木箱的生產合同。有了這一批優質產品打基礎，進出口公司也就很放心地與他們續簽了下一批貨的合同。這一回，張果喜的胃口大了，一下子就要把半年的活兒吃下來，定下一百只木雕箱子的供貨合同。

有了第一次的成功，接下去的路就好走多了。張果喜的工藝木雕廠的牌子，堂而皇之地掛了出來，以前那些「議論家」們這下也都閉口不說了，在事實面前，他們還是被張果喜無聲地擊敗了。

張果喜廠裏的職工，驕傲地對他們的親友鄰居說：光那二十只木雕箱子，就賣了幾千塊錢呢！這事過去連想都不敢想，可是果喜硬是領著我們齊心協力幹成了！

接下去就再做雕花箱子，做了箱子，再做椅子，也是雕花的。不過，花樣更複雜一些。張果喜也聰明，知道自己的這個名義上算得工藝木雕廠的小廠子，技術上實在不行，於是，也不怕花本錢，一次次地輪番派出人員去東陽學手藝，還把那邊的師傅請到余江來教。

張果喜知道，只要有了技術，就可以把這個利潤很好的廠辦下去、辦成功，抓技術水平就成了他這個年輕廠長最重要的一項措施與工作。把東陽師傅請進這窮地方來，他親自接待，千方百計地弄些本地特產，每頓飯菜都讓專人做，送到師傅那裏，就連日常生活中的每一件小事，也由他這個小廠長操心，包括早起的洗臉水，師傅起夜的便桶等等。

在那幾年時間裏，張果喜就把自己廠裏一二十個職工的雕刻技術培養出來了，做活兒再也用不著他一個個地細細檢查通過。這個廠果然也就越辦越有起色，比過去在農具修造廠的利潤高多了，職工的工資也多出別人一截。

我們回過頭來體味張果喜從一個普通人到業績顯赫的企業家、和身家過億的大亨的歷程，不難發現，正是一次一次面對機會時的正確決斷，造就了他的成功，反之，如果在哪一個節股眼上他做了不同的選擇，結果就會是另一碼事了。人們都說：「張果喜這小子眞爭氣！」顯然是因為他找到了能抓住機會的最佳途徑。

5. 抓住時機，出手要「狠」

在一些特定的機會面前，有時是很難做出抉擇的，這時候必須抓大放小，果斷決策。因爲這時候的機會一旦失去，往往就再也沒有機會了。

李世民以「狠」制勝

唐高祖李淵有四個兒子。長子李建成，次子李世民，三子李元霸（早亡，未及爭位），四子李元吉。在這四個兒子中，長子李建成由於排行最長，被封爲太子，爲人也精明能幹，次子李世民被封爲秦王，四子李元吉被封爲齊王，也算勇武超人。不過，戰功最多也最有謀略的，要數次子李世民。

李淵還是隋朝官員、奉命鎭壓農民起義的時候，李世民已明白隋朝必亡的大勢。他對父親李淵說：「您受隋帝的命令討伐賊寇，難道賊寇眞的能徹底消滅嗎？」在督促父親反抗隋朝時，李世民又說：「今日破家亡國在於你，化家爲國也在於你。」足見李世民的雄才大略。

西元六一八年至六二〇年，李世民打敗了薛仁杲和劉武周兩個強敵，平定了關中和中原地區。在公元六二〇年七月，李世民又開始進攻王世充。這時他才不過二十二歲，但富有政治家的雄才偉略，知人善任，採納正確的意見，採取了正確的策略，一舉擊敗了王世充和竇建德。後來又成功鎮壓了劉黑闥等人的起義，最後統一了全國。

太子李建成常隨父親駐守長安，幫助父親處理軍國政務，也算是一個精明強幹的人。比起平庸的父親李淵來，李建成在處理政務上已顯示出了才幹，但與弟弟李世民相比，卻還有很大的不足。李世民南征北戰，為統一天下，立下了赫赫的戰功，麾下聚集了一批文臣武將，在軍政各界享有很高的威望。不但如此，李世民野心很大，他不甘心做一個區區秦王，希望日後能當皇帝。但按照封建宗法制度，繼承皇位的只能是太子李建成，況且李建成也算功勳卓著，而且也有很強的勢力。這樣，一場兄弟之間的爭位火拼就不可避免了。

從當時形勢看，太子李建成集團處於優勢，首先，李建成是太子，是長子，名正且言順，繼承皇位是理所當然的事，社會輿論也多在他這一邊；其次，李建成有李淵的支持，在權力和名義上有可靠的保障；而李世民有文臣武將，私人武裝比較強大，也有有利的條件，他本人威望高，群眾基礎好，富有作戰經驗，才略出眾，更主要的是，他手下人既精明強幹又齊心合力，因而李世民的力量也是不能被忽視的。

兩派力量勢成水火，就看誰心狠手快了。齊王李元吉多次蓄謀除掉李世民，皆未成功。而李世民也未示弱，他隨後策劃了「玄武門之變」。

經過周密策劃，李世民在玄武門提前設下埋伏，意圖一舉除掉對手。

第二天，太子和齊王來到臨湖殿前，忽然發現殿角有埋伏的士兵，感覺有變，立即警覺起來，他扯了一下齊王的衣袖，飛奔下殿，上馬往玄武門逃跑。這時，伏兵盡起，李世民張弓搭箭，射死了太子李建成，尉遲恭射殺了齊王李元吉。其餘太子和齊王的衛士也被盡數消滅。

就這樣，太子李建成和齊王李元吉的多次蓄謀化爲泡影，而秦王李世民則抓住時機，心狠手快，取得了勝利。

太子、齊王與秦王之間地位、實力相當，實際上，誰先動手殺死對手，誰便是皇權執掌者。在這一點上，李世民與他的謀臣武士都十分清楚，就是太子、齊王也想先發制人，爭取主動權。

不過，李世民的確比他們高明得多，只有他才眞正地巧用了「先發制人」之計。而且，李世民製造了有利的時機，心狠手快，比起太子和齊王的優柔寡斷，勝負不就很清楚了嗎？

萬壽堂手軟留後患

二十世紀二三十年代，在天津有兩家老字型大小的藥店，一個名字叫濟世堂，另一個名字叫萬壽堂。兩家雖然離得很近，但他們相互之間涇渭分明，各做各的買賣，倒也相安無事。誰知到了三十年代初，萬壽堂老闆劉可發子承父業，他看不慣先父那種保守的經商之道，從價格、品種等方面對濟世堂藥店展開了全面的攻勢，力圖擠跨濟世堂，從而使自己壟斷天津的藥店。

生意世家出身的劉老闆果然身手不俗，憑著自己年輕、敢想敢幹，加上有世家的底功，出手幾招，就把濟世堂搞得非常被動。在萬壽堂的強大攻勢下，濟世堂經營每況愈下，雖然採取了一些補救措施，但已無法挽回敗局，終於宣告停業。

劉老闆大獲全勝，自然趾高氣揚，打算更進一步，稱雄天津衛。他哪裡知道，濟世堂並未被完全整治垮掉，也沒有到非關門不可的地步，憑實力，濟世堂也完全可以再與萬壽堂較量一番。但濟世堂的老闆卻沒有那樣做。他不願直對萬壽堂的鋒芒，弄個兩敗俱傷，而是避開萬壽堂的正面進攻，採取了以退爲進的策略、迎接挑戰。

既然不能與萬壽堂同街經營，換個地方總可以吧？不久，濟世堂在遠離萬壽堂的一條街上重新開張了，但鋪面已比原來的門面小多了，昔日大藥店的氣派已不復存在。消息傳到萬壽堂劉老闆的耳朵裏，他不禁心花怒放：「濟世堂，你已經被我擠垮了，再也別想回到這條街上來與我抗衡、爭地盤、搶顧客了。」得意之餘的劉老闆，心還不夠狠，沒有進一步施展殺招，而是放了濟世堂一馬。

過了一些日子，濟世堂的又一家分號開業了，還是小鋪面，也仍然躲著萬壽堂。有人把這一消息告訴劉老闆：「濟世堂又開了一家分號，買賣不錯，說不定是想東山再起，我們不能不防啊！」

此時的劉老闆仍然不以爲然：「怕什麼，那種小藥店成不了氣候，顧客看重的是大藥店，我看他們是在一個地方混不下去了，不得已而爲之，不用怕。」

後來，濟世堂又開了幾家類似的小藥店，而萬壽堂的生意也差不多，兩家相安無事，以前搶奪地盤的恩怨，似乎已經過去。沒想到，三年之後，濟世堂突然殺出回馬槍，宣佈濟世堂將在老店舊址重新開業。

經過一番準備，濟世堂又殺回了萬壽堂的旁邊。萬壽堂的劉老闆驚駭不已，他沒想到被自己已經打趴下的濟世，堂還會東山再起，是自己造成了放虎歸山之患。劉老闆打算重新組織力量，再像三年前那樣發動一次商戰，趁濟世堂立足未穩，把它再一次趕出去。可他很快發現，這已是不可能了。到這時他才明白，濟世堂在三年中，已經開了一批分號，形成了一個完整的體系，而在其採取統一的經營，集中進貨，分散經營銷售的策略，銷量自然大得多。令劉老闆吃驚的是，在自己的周圍，早已佈滿了濟世堂的分號，萬壽堂已在濟世堂的層層包圍之中。

自從濟世堂總店恢復之後，買賣熱鬧非凡，十分紅火，顧客絡繹不絕，加上分號的銷售，每年盈利豐厚，而萬壽堂的生意則清淡了許多。

從上述例子不難看出，當初，萬壽堂藥店的劉老闆心狠手辣，在各方面針對自己的多年夥伴濟世堂展開攻擊，使濟世堂處於劣勢之下，好像「窮寇」已逃，然而在對手被打倒之後卻心慈手軟，沒有緊緊地跟蹤追擊，從而埋下隱患，終嘗惡果。

生意場上就是這樣，對於競爭對手不能留下機會，因爲他的機會就是你的墳墓。實際上，在當今社會的市場競爭或個人競爭中的「狠」，已脫離了「心狠手辣」的原意，而是說做事要堅決，要做徹底。因爲，勝者只有一個。

第五章 打好基礎

自己有底氣，做事才有運氣

PART 5

誰都希望自己運氣好、機會多，但是人們往往只是關注那些看似好運者頭上熠熠生輝的光環，而忽略了其為此付出的努力。其實，只要細心觀察就會發現，運氣好、能抓住為數不多的機會而取得成功的人，幾乎無一不是具有某種別人不具備的特殊優勢——天賦、毅力、說話辦事的本領等等，而這些優勢的形成，沒有平時一點一滴的積累也是做不到的。

1. 機會更垂青有實力的人

誰都希望得到別人的肯定，都想在工作中得到老闆或上級主管的重視，換句話說，就是得到升遷的機會。但是，要想得到肯定和重視並不是無條件的，關鍵是看你有沒有能力，也就是說，你得有讓老闆重視你的資本和理由。

曾經有一個人，很不滿意自己的工作，他憤憤地對朋友說：「我的老闆一點也不把我放在眼裏，在他那裏我得不到重視。改天我要對他拍桌子，然後辭職。」

「你對於那家貿易公司完全清楚了嗎？對於他們做國際貿易的竅門完全搞通了嗎？」他的朋友反問。

「沒有！」

「君子報仇三年不晚，我建議你好好地把他們的一切貿易技巧、商業文書和公司組織完全搞通，甚至連怎麼排除影印機的小故障都學會，然後辭職不幹。」他的朋友建議，「你把他們的公司當成免費學習的地方，什麼東西都通了之後，再一走了之，不是既出了氣，又有許多收穫嗎？」

那人聽從了朋友的建議，從此便默記偷學，甚至下班之後，還留在辦公室研究寫商業文書的方法。

一年之後，那位朋友偶然遇到他，說：「你現在大概多半都學會了，可以準備拍桌子不幹了嘛！」

「可是我發現我近半年來，老闆對我刮目相看，最近更是委以重任，又升官、又加薪，我已經成爲公司的紅人了！」

「這是我早就料到的！」他的朋友笑著說，「當初你的老闆不重視你，是因爲你的能力不足，卻又不努力學習；爾後你痛下苦功，擔當重任，當然會令他對你刮目相看。只知抱怨老闆，卻不反省自己的能力，這是人們常犯的毛病啊！」

讓老闆重視你的最好做法，就是用眞本領武裝自己。得到別人的肯定，要靠自己的實力去實現。

阿迪斯的學習成績挺好，畢業後卻屢次碰壁，一直找不到理想的工作，他覺得自己得不到別人的肯定，爲此而傷心絕望。

懷著極度的痛苦，阿迪斯來到大海邊，打算就此結束自己的生命。

正當他即將被海水淹沒的時候，一位老人救起了他。老人問他爲什麼要走絕路。

阿迪斯說：「我得不到別人和社會的承認，沒有人重視我，所以覺得人生沒有意義。」

老人從腳下的沙灘上撿起一粒沙子，讓阿迪斯看了看，隨手扔在了地上。然後對他說：「請你把我剛才扔在地上的那粒沙子撿起來。」

「這根本不可能！」阿迪斯低頭看了一下說。

老人沒有說話，從自己的口袋裏掏出一顆晶瑩剔透的珍珠，隨手扔在了沙灘上，然後對阿迪斯說：「你能把這顆珍珠撿起來嗎？」

「當然能！」

「那你就應該明白自己的境遇了吧？你要認識到，現在你自己還不是一顆珍珠，所以你不能苛求別人立即承認你。如果要別人承認，那你就要想辦法使自己變成一顆珍珠才行。」阿迪斯低頭沉思，半晌無語。

只有珍珠才能自然且輕鬆地、把自己和普通石頭區別開來。你要得到重視、要出人頭地，必須要有出類拔萃的資本才行，這樣才算找準了讓別人重視自己的關鍵。

許振超曾是青島港一名普通的吊車司機，他憑藉苦學、苦練、苦鑽，練就了一身絕活，成為數萬人的港口裏響噹噹的技術「大拿」，進而成為聞名全國的英雄人物。

許振超的「無聲響操作」，偌大的貨櫃放入鐵做的船上或車中，居然做到了鐵碰鐵不出響聲，這是許振超的一門絕活，其實，他所以創造了這種操作方法，是因爲它可以最大程度地降低貨櫃、船舶的磨損，尤其是降低吊車吊具的故障率，提高工作效率。實踐證明，它是最科學也是最合理的。

有一年，青島港老港區承運了一批經青島港卸船，由新疆阿拉山口出境的化工劇毒危險品，這個貨種特別怕碰撞，稍有碰撞就有可能引發惡性事故。當時，鐵道部有關主管和船東、貨主都趕到了碼頭。爲確保安全，碼頭、鐵路專線都派了武警和消防員。泰然自若的許振超和他的隊友們，在關鍵時刻把絕活亮出來了，只用了一個半小時，四十個貨櫃被悄然無聲地從船上卸下，又一聲不響地裝上火車。面對這輕鬆如「行雲流水」般的作業，緊張了許久的船主、貨主們迸發出了歡呼。

許振超是位創新的探索者，他的認識很樸素：我當不了科學家，但可以有一身的絕活。這些絕活可以使我成爲一名能工巧匠，這是時代和港口所需要的。就是憑藉著這樣的一種信念，許振超的「技術口袋」裏的絕活愈來愈多了。

在企業的改制過程中，不少人下崗，其中不乏中專、大專學歷者，而許振超以一個初中的學歷，硬是靠關鍵時刻能打硬仗的絕活，成爲一個大型企業的員工楷模。

所以，要想贏得難得的機會，就必須勤學苦練，培養自己的才能，壯大自己的實力。只有這樣，才能獲得他人的重視和肯定，獲得機會的垂青。

2.用最拿手的東西爭機會

有的人沒有得到提拔，並不是因爲沒有本領，或者得不到機會的眷戀，而是因爲在關鍵時刻不敢去露一手。他們沒有膽量、自信心不足，或者認爲是分外之事而不去插手，結果是坐失良機，白白浪費了自己的才華和表現自己的機會。

安德列．卡耐基是美國賓夕法尼亞州一座停車場的電信技工。當時他的技術已經相當好了，但他並沒有引起上層決策者的注意，因而也沒有被提升的機會。

一天早上，停車場的線路因爲偶發的事故，陷於混亂。此時，他的上司還沒上班，該怎麼辦？他並沒有「當列車的通行受到阻礙時，應立即處理引起的混亂」這種權力。如果他膽大包天地發出命令，輕則可能捲舖蓋走路，重則可能鋃鐺入獄。

一般人可能說：「這並不干我的事，何必自惹麻煩？」可是卡耐基並不是平平之才，他並未畏縮旁觀！

他私自下了一道命令，在文件上簽了上司的名字。

當上司來到辦公室時，線路已經整理得同從來沒有發生過事故一般。這個見機行事的青年，因爲露了漂亮的這一手，大受上司的稱讚。

公司總裁聽了報告，立即調他到總公司，升他數級，並委以重任。從此以後，他就扶搖直上，誰也擋不住了。

卡耐基事後回憶說：「初進公司的青年職員，能夠跟決策階層的大人物有私人的接觸，成功的戰爭就算是打勝了一半——當你做出份外的事，而且戰果輝煌，不被破格提拔，那才是怪事！」

有這樣的情形，主持會議的主管是一個鐵腕人物，大家因崇拜而磨滅了自己的見識，於是會議順利進行。

「智者千慮，必有一失；愚者千慮，必有一得。」當你發現決議有問題，若按此辦將來可能出大漏子時，就應該鼓足勇氣提出來。要知道，你可能窮盡畢生努力，也不會得到別人的賞識，而冒險抓住這一機會，就可能把你的能力和價值展現給同事和主管，特別是意見未採納，人們更會在後來的失敗中憶起你的表現，讚歎你的英明。

請務必謹記，看準了就說，千萬不要太顧忌面子。如果在這時你還想「我說出來大家會難堪的」，那麼說明你是一個註定不能脫穎而出的人。

我們常常會不期而遇一些在身份、才識、經驗、能力等各方面，比我們高出一籌的人，在這種情況下，往往會有些人因此而自卑，因爲自己不如人而對對方產生一種心理上的畏懼感，從而自信心便大打了折扣。「自信是成功的基石」，如果一個人連自信都失去了，那麼他要想得到成功，恐怕只能是幻想。一個人不論處於什麼環境之下，只要不丟失自信，就會有成功的希望。

不自信的表現有許多種，如看到一個在各方面都比自己強的人，既想上前去接近對方，又怕對方會拒絕自己；既想在他人面前表述自己的觀點，又怕表述不當而被他人恥笑；既想插入到別人的談論中，又怕別人對自己的話不在意乃至討厭等等，所以最終只好自己尋找個孤獨的角落，甘受冷落了。其實，你完全可以將頭腦裏的一切顧慮都拋開，大大方方地想如何說就如何說，想如何作就如何作。只要你做得不過分、做得適當，你自然會得到大家的肯定。

有幾個竅門和規律與你共用：

第一，要實幹，掌握眞本領，也要適時表現。所謂適時，一是要找到恰當的事情動腦筋，掃地抹桌子，就會被提升爲清潔組組長；二是要在顯山露水時，不要過於扎眼，招受眾人譴責而樹立敵手。

第二，顯能耐不宜過頻、過多。天天都幹出格的事，人們再也不覺得你有什麼稀奇處，只能被罵作愛出風頭而已。所以，你總是要留一些絕活，留上顯示的餘地。如果你能經常露上那麼一點點新鮮的才華，老闆總對你抱有希望，弄不清你的深淺，多大的事也敢託於你。

3. 消除做事僵化不通的病灶

很多人都想成大事，然而奮鬥之後，卻一而再、再而三地錯失機會，那就說明自身存在問題，要設法找到癥結、改變自己。我們發現，一般人大多存在以下的一些缺點，倘若克服的話，定能收到脫胎換骨的奇效，然後再行走於社會之上，就有了更為紮實的成事根基。

第一，熱情不足。

黑格爾說：「沒有熱情，世界上沒有一件偉大的事能完成。」美國的《管理世界》雜誌曾進行過一項測驗，他們採訪了兩組人，第一組是事業有成的人事經理和高級管理人員，第二組是商業學校的優秀學生。

他們詢問這兩組人，什麼東西最能幫助一個人獲得成功，兩組人的共同回答是「熱情」。

熱情之於事業，就像火柴之於汽油。一桶再純的汽油，如果沒有一根小小的火柴將它點燃，無論汽油的質量怎麼好，也不會發出半點光、放出一絲熱。而熱情就像火柴，它能把你擁有的多項能力和優勢，充分地發揮出來，給你的事業帶來無窮的動力。

如果一個人沒有熱情，就不會激發他自身的諸多能力，而且給人一副心灰意冷、沒什麼前途的印象，別人也會棄你而去的。

第二，適應能力差。

能否適應不同的環境，關係到一個人處理壓力的能力，這是因爲人的壓力，主要發生在他進行變革的時候。成功者不僅有能力去適應變革，而且能促進變革。

適應能力的本質，就是參加冒險的能力。高水準的成功者知道，轉變與冒險是同時存在的。

對成功者來說，順時地轉變不僅是時勢所迫，而且往往是必不可少的。因而，一個人如果要想獲得成功，就一定要能夠適應各種變革。

第三，缺乏自信。

獨木橋的那邊是一種奇境，有各種果實，誘人前往，自信的人大膽地過去採摘自己想要的果子；缺乏自信的人卻在原地猶豫：我是否能走過去？而果實，早已被大膽行動的人先行一步收入囊中了。

自己都信不過自己，別人怎麼能相信你？任何一個成功者都是非常自信的人。強烈的自信心，不僅能振奮自己的士氣，也會在氣勢上壓倒對手，在許多時候，會取得意想不到的效果。沒有機遇或沒有條件尚有情可原，如果是因爲缺乏信心而失掉脫穎而出的機會、甚至導致失敗的話，實在是非常可惜、可憐、可悲的事情。

第四，自負。

人不能不自信，但同時也不能太過自信，否則就是自負了。如此一來，就會對自己有不切實際的評價，別人也會認爲你是個妄想狂，也不會很好地與你相處的。

美國的威特科公司總裁湯瑪斯·貝克曾經說過：你可以聘到世界上最聰明的人爲你工作。但是，如果他孤芳自賞，不能與其他人溝通並激勵別人，那麼，他對你一點用處也沒有。

實際上，這段話也可以這麼理解：你可以是世界上最聰明的人，但是，如果你孤芳自賞、過於自負，不能與其他人溝通並激勵他人，那麼，你一點用處也沒有，不可能獲得成功。

自負可能使你聽不進別人的意見，固執己見、一意孤行，而一旦走入死胡同，你就追悔莫及了。

第五，用心不專。

從小，我們就學到了「三心二意」這個成語，並且，很可能每個人都在防止成為「三心二意」的人。但是，你眞的做到了嗎？

無論做任何事，三心二意都是不可取的，不把全部精力集中在你要做的事情上，而去想其他無關緊要的事情，三心二意，必定會在你想的事上分散精力。一個人的精力是有限的，沒有足夠的精力投入到事業上去，這項事業肯定是難成氣候。專心致志的人總是受到人們的讚賞，他的事業往往也會比三心二意的人成功的機會大。

把你的意志集中於現在時刻，就會產生巨大的能量，就如聚集在一起的光束可以點燃一切，假如你能專心致志於你現在正在進行的事情上，你也會走向成功。

第六，意志不堅定。

成功者之所以能夠成功，就在於他們頑強地在自己的事業上堅持下來。

美國社會學家特萊克，考察了許多成功人士，發現他們具備一個共同點：那就是堅忍不拔的精神。

「亞洲影業皇帝」邵逸夫先生，就是一個意志堅定、具有堅忍不拔精神的事業有成的典範。

他原是一家漂染廠老闆的兒子，但他喜歡電影業，他當時想，要發展未來的電影事業，在電影市場的競爭中獲得優勢和成功，就要認定自己的方向，堅持自己的目標，勇敢地走下去。

邵逸夫首先買下了一家戲院，開始了他的創業之路。由於當時軍閥混戰，公司被迫遷往新加坡。

後來，戰爭使他在各地多年苦心經營的事業毀於一旦，但他沒有退縮，以他堅忍不拔的毅力，苦撐到戰爭結束。又在戰爭的廢墟上重建自己的事業。是邵先生的頑強精神和堅忍不拔的意志，使他的事業再一次獲得成功。

成功取決於堅持不懈的努力，正如一位哲人所說，在道路的每個拐彎、曲折的地方，我們必須堅持住，因爲繞過下一個拐彎、下一個曲折，可能就是我們成功的指南。

第七，浪費時間。

有效利用時間，就是能夠在一定時間內完成更多的事情。有效地利用時間並不是節省時間。實際上，時間是沒法節省的。因爲不管你如何用它，時間總是一樣會過去的。人們所能做的，只是更有效地運用時間，來達到自己的目標。

成功者爲了避免浪費時間，在工作和競爭當中，往往採用醫院的「緊急治療類選法」

來處理問題，即指定一個優先照顧的順序。把生存希望很小的病人，放在最後處理，把存活率高的人最先處理。

不僅時間，其他方面的道理也是相通的，最大限度、最有效地利用你的資望，一定會事半功倍。

第八，過於依賴機會。

機會是非常重要的，比如在美國，「那些在十九世紀下半葉控制美國企業的、實力雄厚的資本家，只是些尋常的人物，只是他們用以獲取財富的技術手段已經改變了。」那些重要的企業家之所以能出人頭地，是由於他們抓住了機會，那個時期的美國是不乏機會的。

如果當初他們不去冒險的話，這種機會很可能被別人得去。這些實力雄厚的實業家，左右著他們的時代，而時代也賦予他們縱橫馳騁的舞臺。

然而，抓住機會，但不要迷信機會，機會並不是見誰愛誰的，它總是垂青於那些有所準備的人。

人們總是認爲機會對每個人都是平等的。但事實上並沒有絕對平等的機會，如果只是消極地等著機會光顧，而不去主動出擊，通過自己的努力創造機會，那麼，等來的也只會是一場空。

過分地依賴機會，往往會使一個人平添懈怠心理，不願再紮紮實實地努力，是很有害的。

所以，對於機會，你一定要抱正確的態度，要以清醒的頭腦、敏銳的洞察力去審視它，有機會則大幹一場，時不利己，則靈活對應。

克服了上述這些缺陷，就可以使你做事通暢靈活，做人一順百順。這樣一來，抓住機會成大事也就指日可待了！

4. 勇於創新，才能出人頭地

現在人們生活節奏日益加快，競爭浪潮奔騰向前。如果你仍習慣於常規思維，墨守成規，那你註定要落在人後、毫無優勢可言，機會也就與你無緣。所以，要出人頭地，就必須具備創新才能：想別人不敢想，做別人未曾做。

每個人都渴望自己有超強的創新能力，但事實上，任何一個人都很難同時具備以上特點，有時他們會產生抵制創新的情緒，從而使自己的創造性思維僵化。

出現這種情況的心理障礙，可能是因爲缺少自信心、害怕失敗、隨波逐流、保守刻板、迷信權威、因循守舊等等。因而，一個人要想充滿創新精神，具備創新能力，就應該克服這些障礙。這就要求人們擺脫傳統的思維方式，探索一套全新的思維模式。

曾有這麼一個實驗：

把一隻青蛙丟進一鍋熱水中，它會一下子就跳出來，但是，如果放進一鍋冷水中，慢慢地加熱，它就悠遊鍋中、適應水溫，隨著水溫愈來愈高，青蛙的行動越來越慢，最後在鍋中被水煮熟了。

人的習慣也一樣，我們常沉湎在傳統的思維模式裏，不知不覺環境改變了，還抱著傳統的觀念不放，最後可能會像那隻無力逃脫沸水的青蛙，被煮個爛熟。

在當今劇變的時代，成功者往往是那些敢於挑戰傳統遊戲規則、勇於大膽創新、敢於改變遊戲規則的人；也就是能在思維模式上不斷變革的人，就是思維模式的改變者。從這個意義上說，創新者都是思維模式的開創者，也是遊戲規則的改變者，而絕不是遊戲規則的保守的遵從者。

思維模式的改變，就是整個遊戲規則的改變。遊戲規則改變，就會產生新觀念，形成新趨勢，可能改變整個世界。

如何激發你的創新能力，不妨試試以下九種方法：

第一，視自己為創造天才。

激發創造力最大的絆腳石，是認爲自己缺乏創造力。很多人有此觀念，完全源自傳統的誤導，認爲創造力是不可企及之物，創造是發明家的事。其實，創造力是每個身心健全者的本能，這種本能受好奇心的驅使，使人對新事物產生特有的敏感，關鍵要把思想化爲行動，相信你自己，沒錯的。

第二，傾聽自己的潛意識。

每個人都有自己的潛意識，而這正是一個人靈感的源泉，雪萊曾說：「偉大的作家、詩人和藝術家都相繼證實，自己的作品靈感來自於潛意識。」記住在靈感來臨時，放下手邊的事，立即捕捉它。富有創造力的人，他們的靈感通常在入睡之前或剛睡醒時產生，因此，隨身攜帶一個小本子，隨時記下你靈機一動而來的靈感，可能就會誕生一項偉大的事業。

第三，改變步調。

懼怕變化是人的天性，對於變化，很多人卻不太會習慣，安適無法激發人的創造力，試著擺脫安適的束縛，改變一下日常步調，換換你的節奏。這樣，就可能刺激你的創造欲望。

第四，改變視野。

換新環境和創造新點子大有關係，人在一個環境待久了，思想就容易僵化。因此，不時地換換環境，對於你的心理創新也有好處。

第五，再找一個答案。

傳統的教育和思維方式，已經使人們養成「只找一個答案」的習慣。很多人只要發現一個解決問題的方法，馬上就會鬆口氣，於是就心滿意足了。但是更富創新的人卻會說：「方法不錯，不過再想想看，有沒有其他更好的方法。」因此，要善於思考、勤於動手，不要滿足於現有的答案，創新，就在另一個答案之中。

第六，換一種生活。

一個年輕人請教管理專家彼德·杜拉克如何取得成功。杜拉克回答：「學著拉小提琴吧。」他的意思是，任何讓你置身新領域，或迫使你擺脫原先安逸怠惰的活動，都可能激發想像力。換一種生活，也就可能嘗試一種新的思維方式，而創造能力可能就因此而被大大地激發出來。

第七，常常詰問自己。

這種定期反省的方法，可以幫助你確信自己的創造構思。問問自己：「不提出工作計畫，對我有什麼好處？」、「我非得在下屬面前扮演指揮者的角色嗎？」常常詰問自己，能使你更肯定，或矯正、或全然放棄原先的構想。子曰：吾日三省吾身。時時檢查自己的缺點和不足，在前進的過程中，就悄悄產生許多新的好東西。

第八，相信永遠有可行之道。

這種想法可以使你擺脫壓力，讓思潮自然湧現。如果遇到問題時，老是問自己：

「我做得來嗎？」、「這點子行得通嗎？」因恐懼做不好、做不成而畏縮不前，反而會阻礙創造力。坦然接受自己，相信自己已採取的每一種方法、步驟，相信問題可以解決，認定之後，調動你的全面能力，集中對付它，創新思維在這個時候會十分活躍。

第九，化創意為行動。

所有的構思都必須加以實行，才能眞正具有價値，勇敢地將創意付諸行動，試試看哪些點子行得通，哪些行不通，然後你就發現，自己憑空想像的點子，竟然對這個世界有所幫助。認定自己的創造力，並加以實行，你就能成爲創新天才。

需要注意的是，創新並不是毫無根據的異想天開，而是博採各家所長，融會貫通後再積極思考，尋找更新更便捷的途徑。只有領會了這樣的創新方法，才能突破平庸，在競爭中獲得機會並取得優勢。

5. 把刺激化爲進取的動力

當我們在社會上勞碌奔波時，總會碰到一些讓自己傷心憤怒的事：被人刁難，遭人白眼……；那麼，受到刺激後該怎麼辦呢？生氣無濟於事，反擊徒留笑柄。最好的辦法就是化刺激爲動力，不斷學習進取。當你本事練成了、底氣夯足了，那時誰又敢再輕視你？只有這樣，你才算爭回一口氣。

吳士宏曾是IBM（中國）公司的總經理。在多年以前，吳士宏還只是一個護士。一九八五年，她決定要到IBM去應聘。當時，IBM的招聘地點在長城飯店，這是一家五星級的飯店。

她回憶說，在長城飯店門口，自己足足徘徊了五分鐘，呆呆地看著那些各種膚色的人從容地邁上臺階，簡簡單單地進入另一個世界。她的內心深處無法丈量自己與這道門之間的距離。

經過一番思考，她鼓足了勇氣，邁著穩健的步伐，穿過威嚴的旋轉門，帶著內心的召喚，走進了世界最大的資訊產業公司IBM公司的北京辦事處：她的確是個人才，順利地通過了兩輪筆試和一輪口試，最後到了主考官面前，眼看就要大功告成了。

俗話說：閻王好見，小鬼難纏。現在已經見到了閻王，她什麼也不怕了。主考官沒有提什麼難問題，只是隨口問她會不會打字。

她本來不會打字，但是本能告訴她，到了這個地步，不能有不會的。

於是，她點點頭，只說了一個字：「會！」「一分鐘可以打多少個字？」「您的要求是多少？」「每分鐘一百二十字。」

她不經意地環視一下四周，考場裏沒有發現一台打字機，她馬上就回答：「沒問題！」主考官說：「好，下次錄取時再加試打字！」

實際上，吳士宏從來沒有摸過打字機。面試結束，她就飛快地跑到一個朋友住處借了一百七十元，買了一台打字機，然後沒日沒夜地練習一個星期，居然達到專業打字員的水平。

她被錄取了，她成了這家世界著名企業的一名普通員工，她扮演的不是白領，而是一位卑微的角色，主要工作是泡茶倒水、打掃衛生，用她自己的話說：「完全是腦袋以下的肢體勞動。」她爲此感到很自卑，她把可以觸摸傳眞機作爲一種奢望，她所感到的安慰，就是自己能夠在一個可以解決溫飽問題又安全的地方做事。可是作爲一位服務人員，這種心理平衡很快就被打破了。

一天，吳士宏推著平板車買辦公室用品回來，門衛把她攔在大門口，故意要檢查外企工作證。她沒有外企工作證，於是在大門口僵持了一會兒，進進出出的人就像看大街上耍猴的那樣，個個都投來一種異樣的目光：作爲一位女性，她的內心充滿了屈辱，可是她知道得到這份工作不容易，她沒有發洩出來，可是她內心咬著牙在說：「我不能這樣下去！」

有個女職員，香港人，資格很老，動不動就喜歡指使人給她辦事，吳士宏就是她的主要指使對象。一天，這位女士叫著吳士宏的英文名字說：「Juliet，如果你想喝咖啡，就請告訴我！」

吳士宏丈二和尚——摸不著頭，不知這位自以爲是的女士在說什麼。這位女士說：「如果你喝我的咖啡，每次都請你把杯子的蓋子蓋好！」吳士宏本來是一個很會忍氣吞聲的人，這次，女性的溫柔可全都不見了，因爲那女人把自己當成偷喝咖啡的小毛賊了，這是一種人格上的侮辱。她頓時渾身顫慄，就像一頭憤怒的獅子，把埋在內心的滿腔怒火全部發洩了出來……

吳士宏發誓：有朝一日，我要去管公司裏的任何一個人，不管他是外國人還是香港人！

甘願自卑，就只能沉淪下去；不肯自卑，就會產生無窮的推動力。

吳士宏每天除了工作時間就是學習，就是尋找著自己的最佳出路。最終，與她一起進IBM的人中，她第一個做了業務代表；她第一批成爲本土的經理；成爲第一批赴美國本部進行戰略研究的人；她第一個成爲IBM華南地區總經理——也就是人們常說的「南天王」……

最後，吳士宏還登上了IBM（中國）公司總經理的寶座。

外界的刺激是一把雙刃劍：可以令你沉淪，也可以催你奮進。所以，受到刺激後，不要總爲此而憤憤不平，而是要想一想，怎樣做才能使自己同那些精英一樣受人尊敬！

6. 別讓才華橫溢抬高機會的門檻

這是一個務實的年代，對於才華本身的定義也已經發生了改變。如今的一般標準是「才而不財，非才也」，今天出了名的職場英雄當中，又有幾個是只因爲才華橫溢、風華絕代而受人稱道的呢？

空有滿腹才華，卻無實際工作能力，這也稱不上是有本事。才華橫溢是對一個人的最高褒獎嗎？身處職場，有的人才能平平而工作做得如火如荼，相反的，有的人才華橫溢而工作平平。

我們都仰慕有才華的人。他們無論走到哪裡，都會像寶石一樣發射出奇異奪目的光彩，在一個工作單位，如果沒有一兩個資質不凡的人，將是一種悲哀。想想看，如果自己本來就是平平庸庸一個凡人，還要整天混跡於一堆同樣平庸的凡人中間，於個人的水準和格調來說，不僅斷無提高的可能，恐怕還會不斷降低呢。況且，沒有一兩個可以追逐、可以效仿、可以嫉妒的偶像放在那裏，上班的日子又該有多麼難熬！

不錯，才華橫溢的人可能容易有恃才傲物、好高騖遠，不願意老在一個地方待著等等的毛病。但是只要明察暗訪一番就能發覺，這些毛病往往是遭人嫉妒或者排擠的結果，有的根本就是強加的。誰願意讓別人輕易出頭呢？所以，有才之人在職場上闖蕩，很難取得一般意義上所說的成功，除非他洞悉了某些規律並向其妥協。

也正因爲如此，著名的日本松下公司的用人理念，是只用具有百分之七十能力的人，而不用業界最優秀的人。因爲這些人做事更認眞，而且友善、謙虛，對上司和同事更具親和力。現代社會更強調團隊合作精神，一個人鋒芒畢露，並不被認爲是一件好事。因而，越來越多本來滿腹才華的人，將才華束之高閣。

才華橫溢只是職業成功的千萬個必要條件中的一個，甚至還不是主要的。在合適的職位上，你的智慧才能發揮出應有的價值，才有可能獲得足夠讓社會認可你成功的財富，若遇到一個拿「紅纓槍當燒火棍」使的主管，你的才華和智慧只會讓你過得比別人更痛苦！

在職場上，才華不僅僅指「腹有詩書」的學富五車，也不單單指「運籌帷幄」的才高八斗，簡單點說，不管你是底層辦事員還是高級主管，不管你是裝卸工人還是編程人員；也無論你是才華橫溢還是斗字不識，只要你在工作中能把你才華的最大潛能發揮出來，即使你沒有驚人的事業或不名一文，你仍然是一個成功的人。調動你最大的能動性，充分體現你的人生價值，你就沒白活一回！

職場中確實有這種現象，很多才華橫溢的人，往往不是事業的成功者，而不少能力一般的「傻人」，卻在事業上如魚得水，這「不由你不信，不服也得服」的現實，確實令那些不太得志的「鴻鵠」們英雄氣短。

在職場上，才華橫溢只是成功的諸多要素之一，你投身的事業，肯定不是孤立於社會而存在的，你的才華首先要融於一個團隊之中，與其他人的才華形成「一加一大於二」的合力效應，企業才能真正取得成功，從而彰顯個人的成就。而在這個「融於」的過程中，人和人之間的差異相當明顯。

才華橫溢的人，往往缺少與周圍環境的良好親和力，情商的缺陷往往使他們與團隊像油與水一樣難以相融。與此相對應的是，一些才智平平的人，卻由於懂得如何與人相處，如何把握機遇、把有限的才智用在最該用的地方，所以他們之中的一些人平步青雲也就不難理解了。其次，指望一個人適應各種各樣的環境，其實也不現實。那些才華橫溢的人，有時並不清楚目前所處的環境是不是真的適合自己，還有沒有可能以自己的主觀努力，變換一個新的環境，使之更適合自己。聊起自己的專業來神采飛揚，可涉及這些直接關乎自己前程的、專業之外的「瑣事」，卻又往往是除了歎息就是無奈。

理論上的才華永遠不等於能力，才華只有體現在調控與創新上才確有價值。要讓才華變成實實在在的能力，指望「躲進小樓成一統」是不可想像的。相信職場上那些不太得志的精英們，只要拿出其才華的一小部分，投入到自己的「情商建設」上來，眞正的成功就不會太遙遠了。

7.沒本事的人才會怕被小看

有的人總擔心會被人小看，因而時時擺出一副很了不起的樣子，但往往越是這樣的人，就越是沒什麼眞本事，機會永遠不會垂青他們，一旦剝除了他們傲慢的保護外衣，他們也就一無所有了。

有這樣一個故事。亞歷山大大帝騎馬旅行到俄國西部。一天，他來到一家鄉鎭小客棧，爲進一步瞭解民情，他決定徒步旅行。當他穿著一身沒有任何軍銜標誌的平紋布衣，走到一個三岔路口時，他記不清回客棧的路了。

亞歷山大無意中看見有個軍人站在一家旅館門口，於是他走上去問道：「朋友，你能告訴我去客棧的路嗎？」

那軍人叼著一隻大煙斗，頭一扭，高傲地把這身著平紋布衣的旅行者上下打量一番，傲慢地答道：「朝右走！」

「謝謝！」亞歷山大又問道：「請問離客棧還有多遠？」

「一英里。」那軍人生硬地說，並瞥了陌生人一眼。

亞歷山大抽身道別，剛走出幾步又停住了，回來微笑著說：「請原諒，我可以再問你一個問題嗎？如果你允許我問的話，請問你的軍銜是什麼？」

軍人猛吸了一口煙說：「猜嘛。」

亞歷山大風趣地說：「中尉？」

那軍人的嘴唇動了一下，意思是說不止中尉。

「上尉？」

軍人擺出一副很了不起的樣子說：「還要高些。」

「那麼，你是少校？」

「是的！」他高傲地回答。於是，亞歷山大敬佩地向他敬了禮。

少校轉過身來，擺出對下級說話的高貴神氣，問道：「假如你不介意，請問你是什麼軍銜？」

亞歷山大樂呵呵地回答：「你猜！」

「中尉？」

亞歷山大搖頭說：「不是。」

「上尉？」

「也不是！」

少校走近仔細看了看說：「那麼你也是少校？」

亞歷山大鎮靜地說：「繼續猜！」

少校取下煙斗，那副高貴的神氣一下子消失了。他用十分尊敬的語氣低聲說：「那麼，你是部長或將軍？」

「快猜著了。」亞歷山大說。

「殿……殿下是陸軍元帥嗎？」少校結結巴巴地說。

亞歷山大說：「我的少校，再猜一次吧！」

「皇帝陛下！」少校的煙斗從手中一下掉到了地上，猛地跪在亞歷山大面前，忙不迭地喊道：「陛下，饒恕我！陛下，饒恕我！」

「饒你什麼？朋友。」亞歷山大笑著說，「你沒傷害我，我向你問路，你告訴了我，我還應該謝謝你呢！」

當一身簡陋打扮的亞歷山大皇帝出現在那位少校面前時，少校在這位「粗俗鄙陋」者面前顯示了足夠的「自信」。他高傲地打量著亞歷山大，並傲慢地向他答話，因爲他是少校。當亞歷山大問道他是少校時，他高傲地予以承認。在他看來，這個官銜足以嚇呆眼前的這個人。

但是他卻錯了，眼前的這個人竟是皇帝陛下。我們姑且不去論及亞歷山大的寬容，單單來看一下那少校，他之所以如此傲慢，正是他心虛的表現。他害怕被別人小看，所以裝出一副傲慢的模樣，但這樣的裝腔作勢又能唬得了誰呢？煙霧總是把自己擴散得很大，但當風吹來時，不也了無蹤影了？只有那些沒有本事的人，才會深深恐懼別人小看他。

要想得到別人的敬重，就必須得有眞才實學。有本事的人站到哪裡也不用道歉，靠本事吃飯，飯最香。

第六章
心態制勝
機會常在不經意間成全你
PART 6

有句俗話說：「心急吃不到熱豆腐。」因為人在一種浮躁心態的控制下，做事情更容易犯錯誤，往往急於求成，看問題只見其表不及其裏。相反，如果心態平和、健康，遇到問題冷靜客觀，機會則會在不經意間成全你。

1. 缺陷有時也能製造機會

就像十指有短有長一樣，上天對每個人也不是絕對公平的，許多人身上都有這樣或那樣的缺陷，不同的是，一些人因此失落沉淪，一些人卻因此另獲良機，活得甚至比一般人還好，這是什麼原因呢？也許通過深入觀察，會發現他們做人的心態大相逕庭。活得好的人，他們大都懂得一套如何讓自己的缺陷變成優勢的做人處世態度。

先看這樣一個小故事：

某電影導演，爲拍一部片子，四處尋找合適的演員。一天，發現了一個合適人選，便通知他準備試鏡頭。這個人十分高興，理了髮，換上新衣，對鏡子左照右照，總感到自己兩顆「犬牙」不好看，於是到醫院把牙齒拔掉了。後來，他興致勃勃地去報到，導演一見到他，失望地說：「對不起，你身上最珍貴的東西，被你自己當缺陷給毀了，影片已經不需要你了。」

這個長「犬牙」的人，沒有意識到自己的這種短處在這裏正是長處，傳統的虛榮觀念，毀掉了有可能使他的人生大放異彩的機會。缺陷人人都有，關鍵在於你如何看待它。

戴爾·卡耐基在弗吉尼亞州一個旅館碰到了班·符特先生。這個坐在輪椅上的撰稿人的經歷，讓卡耐基感慨不已。

「事情發生在一九三〇年，」他微笑著告訴卡耐基，「我砍了一大堆胡桃木的樹枝，準備做菜園豆子的撐架。我開著福特車把這些枝條運回家。但意外的事很快便發生了：枝條卡在車的引擎之中，車輛滾出公路老遠，我受了重傷，兩腿痲痹了。出事的那年我只有二十四歲，從那以後，我從來就沒有走過一步路。」

才二十四歲，就被輪椅決定了一生。卡耐基問他怎麼能夠這樣有勇氣去接受這個事實，他說：「我以前並不如此。」他說很長一段時間裏，憤恨和難過佔據了他的心靈，他抱怨命運。可是，抱怨並不能改變一切，他繼續說：「憤恨沒有改變我一丁點現狀，我終於明白並告訴自己，我應慶幸發生過那樣一件事。」

他告訴卡耐基，當他克服了當時的震驚和悔恨之後，就開始生活在一個完全不同的世界裏。他開始看書，對好的文學作品產生了喜愛，書給他帶來了生命的意義。好的音樂也能給他莫名的感動。

「有生以來第一次，」他說，「我能讓自己仔細地看看這個世界，有了眞正的價值觀念，我開始瞭解，以往我所追求的事情，實際上大部分一點價值也沒有。」

我們愈研究那些有成就者的奮鬥經歷，就愈加深刻地感覺到，他們之中有非常多的人之所以這樣而不是那樣，是因為他們雖然有一些會阻礙他們的缺陷，但是缺陷並沒有讓他們沮喪，反倒使他們因此加倍地努力而得到更多的報償。正如威廉．詹姆斯所說：「我們的缺陷，對我們有意外的幫助。」

也許正是這樣，我們無法否認，很有可能密爾頓就因失明，才能寫出好的詩篇；而貝多芬的耳聾，才使他創作出極好的曲子。

曾長期擔任菲律賓外長的羅慕洛，穿上鞋時身高只有一．六三公尺，原先，他與其他人一樣，為自己的身材而自慚形穢。年輕時，也穿過高跟鞋，但這種方法令他精神上不舒服，他感到這是在自欺欺人，於是便把它扔了。後來，在他的一生中，他的許多成就卻與他的矮有關，也就是說，矮倒促使他一帆風順、與眾不同。以致他說出這樣的話：「但願我生生世世都做矮子。」

一九三五年，大多數的美國人尚不知道羅慕洛為何許人也。那時，他應邀到聖母大學接受榮譽學位，並且發表演講。那天，高大的羅斯福總統也是演講人，事後，他笑吟吟地怪羅慕洛「搶了美國總統的風頭」。更值得回味的是，一九四五年，聯合國創立會議在舊金山舉行，羅慕洛以無足輕重的菲律賓代表團團長身份，應邀發表演說。講臺差不多和他一般高，等大家靜下來，羅慕洛莊嚴地說出一句：「我們就把這個會場當作最後的戰場吧。」這時，全場突然一片寂靜，接著爆發出一陣掌聲。最後，他以「維護尊嚴，言辭和思想比槍炮更有力量……，惟一牢不可破的防線，是互助互諒的防線」結束演講時，全場響起了暴風雨般的掌聲。後來，他分析道：如果大個子說這番話，聽眾可能客客氣氣地鼓一下掌，但菲律賓那時離獨立還有一年，自己又是矮個子，由他來演說，就有意想不到的效果，從那天起，小小的菲律賓在聯合國中，就被各國當作資格十足的國家了。

由這件事，羅慕洛認爲矮個子比高個子有著天賦的優勢。矮個子起初總被人輕視，後來，有了不錯的表現，別人就覺得出乎意料，不由得佩服起來，在人們的心目中，成就就格外出色，以致平常的事一經他的手，就似乎成了驚天之舉。

的確如此，只要會利用，缺陷也會變成創造機會的有利條件，關鍵是我們採取什麼樣的態度和方法。命運給我們的暗示也許正是這樣：你認爲你是什麼樣的人，就會成爲什麼樣的人。

2. 你把失敗當機會，失敗就會遠離你

誰都不喜歡失敗，因爲，失敗甚至讓你的人生受到重創。不過，一生平順、沒遇到失敗的人，恐怕是少之又少。

幾乎所有人都存在「談敗色變的」心理。然而，若從不同的角度來看，失敗其實是一種必要的過程，而且也是一種必要的投資。數學家習慣稱失敗爲「或然率」，科學家則稱之爲「實驗」，如果沒有前面一次又一次的「失敗」，哪裡有後面所謂的「成功」？

從企業經營的立場來看，絕大多數的老闆都喜歡成功者，然而，全世界著名的快遞公司創辦人之一的李奇先生，對曾經有過失敗經歷的員工則是情有獨鍾。

李奇在面試即將走進公司的人時，必定會先問對方，過去是否有過失敗的經歷，如果對方回答「不曾失敗過」，李奇直覺認爲對方，不是在說謊，就是不願意冒險嘗試挑戰。

李奇說：「失敗是人之常情，而且我深信它是成功的一部分，有很多的成功都是由於失敗的累積而產生的。」

李奇深信，人不犯點錯，就永遠不會有機會，從錯誤中學到的東西，遠比在成功中學到的多得多。

另一家被譽爲全美最有革新精神的3M公司，也非常贊成並鼓勵員工冒險，只要有任何新的創意，都可以嘗試，即使在嘗試後是失敗的，每次失敗的發生率是預料中的百分之六十，3M公司仍視此爲員工不斷嘗試與學習的最佳機會。

3M堅持的理由很簡單，失敗可以幫助人再思考、再判斷與重新修正計畫，而且經驗顯示，通常重新檢討過的意見，會比原來的更好。

美國人做過一個有趣的調查，發現在所有的企業家中，平均有三次破產的記錄。即使是世界頂尖的一流選手，失敗的次數毫不比成功的次數遜色。例如，著名的全壘打王貝比路斯，同時也是被三振最多的紀錄保持人。

其實，失敗並不可恥，不失敗才是反常，重要的是面對失敗的態度，是能反敗爲勝？還是就此一蹶不振？傑出的企業領導者絕不會因爲失敗而懷憂喪志，而是回過頭來分析、檢討、改正，並從中發掘重生的契機。

美國賓州州立大學教授馬宏尼，專職研究運動選手，他曾以一群奧運體操選手爲研究對象，發現那些成績出色的運動員普遍具有兩個特點：一是，從不抱完善主義；二是，對過去的失誤從不放在心上，只專注於未來的挑戰。

有一句話說得很有意思：「最大的失敗，就是永不失敗。」不願面對失敗與不肯承認失敗同樣糟糕，其實，若能把失敗當成人生必修的功課，你會發現，大部分的失敗都會給你帶來一些意想不到的好處呢！

日本人西村金助原是一個身無分文的窮光蛋，但是他從沒對自己有一天能成爲富翁產生過懷疑。他頑強進取、處處留心，做生活的有心人，做致富的有心人。他的這種積極的心態幫助了他。面對現狀他不沮喪、不氣餒，而是力求向上、力求改變現狀，這種心態終於使他成功。

西村先借錢辦了一個製造玩具的小沙漏廠。沙漏是一種古董玩具，它在時鐘未發明前，用來測算每日的時辰。時鐘問世後，沙漏已完成它的歷史使命，而西村金助卻把它作爲一種古董來生產銷售。

沙漏當時的市場已經很小了，而它所面臨的買主——孩子們——也逐漸對它失去了興趣。因而，銷售量逐漸由多到少。但西村金助一時找不到其他比較適合的工作，只能繼續幹他的老本行。沙漏的需求越來越少，西村金助最後只得停產。但他並不氣餒，他完全相信自己能夠戰勝眼前的困難。於是他決定先好好休息和輕鬆一下。他每天都找些樂趣，看看棒球賽、讀讀書、聽聽音樂，或者領著妻子孩子外出旅遊。但他的頭腦一刻也沒有停止開拓的思考。機會終於來了。

一天，西村翻看一本講賽馬的書，書上說：「馬匹在現代社會裏失去了它運輸的功能，但是又以高娛樂價值的面目出現。」

在這不引人注目的兩行字裏，西村好像聽到了上帝的聲音，高興地跳了起來。他想：「賽馬騎用的馬匹比運貨的馬匹值錢。是啊！我應該找出沙漏的新用途！」

機會總是偏愛有準備的頭腦，西村金助精神重新振奮起來，把心思又全都放到他的沙漏上。經過幾天苦苦的思索，一個構思浮現在西村的腦海，做個限時三分鐘的沙漏，在三分鐘內，沙漏裏的沙子就會完全落到下面來。把它裝在電話機旁，這樣打長途電話時就不會超過三分鐘，電話費就可以有效地控制了。

製作沙漏，對於西村而言，早已是輕車熟路。這個東西在設計上非常簡單，把沙漏的兩端嵌上一個精緻的小木板，再接上一條銅鏈，然後用螺絲釘釘在電話機旁就行了。不打電話時還可以做裝飾品，看它點點滴滴落下來，雖是微不足道的小玩意，卻能調劑一下現代人緊張的生活。

除了極少數的富翁，誰不想控制自己的電話費呢？而西村金助的新沙漏，可以有效地控制通話時間，售價又非常便宜。因此一上市，銷路就很不錯，平均每個月能售出三萬個。這項創新，使原本沒有前途的沙漏，轉瞬間成爲對生活有益的用品，銷量成千倍地增加，面臨倒閉的小作坊，很快變成一個大企業。西村金助也從一個小業主，搖身一變成了腰纏億貫的富豪。西村金助成功了，賺了大錢，而且是輕輕鬆鬆，沒費多大力氣。如果我們說西村這次大的成功機會，源於他前面的失敗，恐怕沒人會反對。

機會就是不請自來，也會來到一心想把失敗變成機會的人面前。

有一位住在美國佛羅里達州的快樂的人，他具有化不利爲有利的智慧。

當他買下農田時，他心情十分低落。土地貧瘠得既不適合種植果樹，甚至連養豬也不適宜，除了一些灌木與響尾蛇之外，什麼也活不了。後來他忽然有了主意，他決定將負債轉爲資產，他要利用這些響尾蛇。

於是不顧大家的驚異，他開始生產響尾蛇肉罐頭。

幾年後，每年有平均兩萬名觀光遊客到他的響尾蛇莊園來參觀。他的生意好極了：實驗室製作血清、蛇皮以高價售出。一次失敗的投資，卻造就出一個成功的商人。

你把失敗當機會，失敗也就遠離了你。

3.放棄一個星星，也許能得到一個月亮

如果有人準備學打高爾夫球這種難度極高的運動項目，他將為設備、附件、教練和訓練花上大筆的金錢，他還會將昂貴的球桿不經意間打進池塘，他也常常會遭受挫折。如果他學習高爾夫球的目的，是成為一位高爾夫球好手，或者在與朋友們相聚時可以共同打打球，那麼這些投入是十分必要的。而且他還必須持之以恆，才會達到自己的目的。

如果他的目標僅僅是為了每週運動兩次，減輕幾磅體重並加以保持，使自己神清氣爽的話，他完全可以放棄高爾夫球，只需找風景好的地方快走就可以了。如果他在拼命練習了一個月或兩個月的高爾夫球之後，漸漸認識到這一點而放棄高爾夫球，開始進行快步走的鍛煉方式，那人們對他的評價，可能是說這個人沒有恒心、毅力，或者說他有自知之明。那麼，到底是沒有恒心還是有自知之明，既要看看問題的角度，還要看實際效果。有時候，明智地放棄一個可有可無的機會，就會得到另一個更好的機會。

馬克．維克多．漢森經營的建築業徹底失敗，他因此破產，最後完全退出了建築

業。

很多人喜歡聽到的是馬克如何令人驚訝地重返建築業，一步一步爬上成功頂峰的令人歡欣鼓舞的故事。如果馬克是用一生的精力這樣做，這又將是一個關於恒心和毅力的傳奇故事。這類故事很多，只不過馬克卻不是這類故事的主人公。

他徹底地退出了建築業，忘記了有關這一行的一切知識和經歷，他決定去一個截然不同的領域創業。他很快就發現自己對公眾演說有獨到的領悟和熱情。他很快又發現這是個最容易賺錢的職業。一段時間之後，他成爲一個具有感召力的一流演講師。終於有一天，他的著作《心靈雞湯》和《心靈雞湯第二輯》雙雙登上《紐約時報》暢銷書排行榜，並停留數月之久。馬克成爲富翁，他看到了更大一片天空，只是因換了一個看天的角度。

連．史卡德家的牆上有一個相框，裏邊有十幾張名片，每張名片都代表了他從事過的一項工作。有的工作是由於自己做不好而放棄了，有的工作雖然自己完成得很好但不喜歡，所以放棄了。對這十幾項工作，他沒有一項能堅持到底。然而，他的執著精神，一直是以不斷地尋找最適合自己的工作而表現出來的，他找到了一個適合自己的職業，一直做了十多年，最後成爲百萬富翁。他建立了一個跨國公司，在全世界有幾千家分銷商。

在密西根州的艾達市，你會看到規模宏大、佈局複雜的安利公司。該公司現在擁有幾十萬個分銷商，年營業額以十億美元計。正是因爲李奇·德沃斯和傑·瓦·安得爾這兩個好友，當年連續更換了許多次工作，直到最後，由於對公司管理層的不滿而退出了紐奇萊特公司，才有了今天的安利公司。如果你每年在玫琳凱公司召開年度大會的時候去達拉斯市，你會看到幾千名粉紅裝束，開著粉紅色卡迪拉克和別克轎車的女強人。而玫琳凱公司作爲化妝品的王國，最開始創建的原因，是玫琳凱·艾施女士在一家直銷公司做經銷商，遭受到生意上的挫折，她辭職後自己創辦了玫琳凱公司。

哪一片天空更廣闊，一看便知，但要下定「換一個角度」的決心，需要你具有勇於放棄那些看似有用、實則無用的「機會」的心態。

4.良好的心態，讓你在「所愛」中找到機會

我們一開始所進入的行業、所從事的工作，往往是一種被動的選擇，但是有多少人一方面感歎「我不喜歡這個工作」、「再這樣下去，我的專業都荒廢了」，另一方面卻在「待遇不錯」、「工作還算輕鬆」、「某主管對我很器重」的自我麻醉下沉寂下來，於是你沿著一個內心深處並不希望的方向，固執而又是心安理得地走下去。若干年後你一時警醒，會不自禁地說：要是我當初果斷地跳出來重新選擇，多好。

傑克和托蒂正是「當初」就做出了正確的選擇。

「刮別人鬍子之前，先刮自己的」，這正是幾年前，傑克拍過的廣告的廣告詞，傑克也因此踏進了演藝圈，很多人上門找他拍戲，一時間，演藝前途頗被看好。不過，傑克並沒有久留，前後大約只維持了兩年光景，就毅然脫離了演藝生涯。

傑克發現，演藝事業並不適合自己，一心想找出未來的方向。

傑克常常是在天黑之後，一個人跑到海邊釣魚、發呆。有一天，他獨坐海邊，遠遠地望著對岸市區內的燈火，心裏突然有一股聲音出現：「我這是在幹什麼，難道一輩子

老死在這裏，無所事事，不如去開餐廳吧！」

傑克立即在腦海中搜索，從小到大自己最喜歡的事是什麼？「吃」是傑克認爲最有意義的事，他一向是家裏的烹調高手，沒事可以一整天待在廚房裏「研發」，「我爲什麼不好好發揮自己的這項專長呢？」

傑克緊鑼密鼓地展開他的創業大計。一面找人籌集資金，一面到大學選讀會計、行銷的課程。不久，他的概念式泰國餐廳開張了，傑克負責的職務從洗碗、配菜、打雜到掌廚，幾乎全套包辦，一旦忙起來，每天工作十幾個小時，下班回家還抱著食譜繼續研究，非搞到深夜不甘休。

看他這麼投入，朋友忍不住問他：「你幹嘛做得這麼辛苦？」傑克回答：「因爲我找到了最愛。」在他來看，做菜不僅是一門藝術，也等於是在實驗室裏做實驗，只要放入各種元素，就能產生千變萬化的結果，樂趣實在太大了！他說：「我已經打算把『吃』當成一輩子的事業。」

就像許多剛走出校門的年輕人一樣，傑克也曾經徬徨、摸索過。然而，當他決定從自己的「最愛」出發，他很慶幸自己在三十歲以前，終於找到了方向。

工作與生涯之間的最大區分是：工作只是你每天在做的事情，而生涯卻事關你一輩子的生活方式。假使你不喜歡一份工作，只是爲了「錢」而不得不與之爲伍，一過就是十年、二十年，當有一天猛然發覺，自己的人生竟然如此貧乏，耗盡半生光陰，卻沒有做過一件令自己快樂的事，那的確很遺憾。

如果你選擇自己喜歡的事去做，即使賺錢不多，卻樂此不疲，結果你反而會發現，由於堅持所愛，不僅讓你徹底發揮才能，甚至終能闖出一番不凡的局面。

做選擇的確很難，不會有人告訴你好壞、對錯如何選擇。惟一的衡量標準就是，一旦幹起來感覺興趣盎然，那就對了！不要遲疑，趕緊去找一份讓你充滿幹勁的事來做，而且你願意爲了這件事，每天迫不及待地全力投入，那麼，距離美夢成眞就爲期不遠了！

人生本來就需要做選擇，但是一定要做「對」的選擇，秘訣就是「擇你所愛，愛你所擇」。如果一輩子不能做自己喜歡的事，豈不白活一場？

托蒂是兩家規模不算太小的企業的董事長，他卻放著老闆不當，半路出家演起舞臺劇。

舞臺上的托蒂，是個十足的耍寶大王，非常放得開。據說，他曾經有過「讓觀眾從椅子上笑得摔下來」的記錄。

起初，托蒂只是基於好玩，應邀在太太參與的婦女社團中「犧牲色相」，男扮女裝演出蝴蝶夫人、老岳母等角色。有一回，他在臺上表演，台下坐的來賓中正好有一位著名導演，托蒂的表演才華就這樣被「發掘」出來。

托蒂第一齣正式的處女作，是參與表演「廚房鬧劇」，他在劇中飾演一個銀行家，角色頗具喜劇感。托蒂興致勃勃地招待一些企業界的朋友前去觀賞，有人對他初試啼聲的演技大加讚賞，有的朋友卻認爲他是在作賤自己。

托蒂不介意別人怎樣看他。他說，自己的玩心很重，「經營事業」和「演戲」這兩件事，前者對他是副業，後者才是正業，他不諱言，演戲反而讓他得到更多的成就感。

不像很多企業家一心只想追求利潤、擴充事業規模，托蒂自稱是個沒有什麼企圖心的人，「我只想讓自己快樂。」他觀察，企業界老闆不乏把事業擺在第一的工作狂，但他認爲，即使自己每天拼了命工作十幾個小時，業績成長充其量不過百分之五、百分之十而已，個人生活卻徹底被犧牲了。

傑克和托蒂都得到了自己想得到的東西。他們兩人的事業，都有一個在別人眼中前途無量的開始，如果他們陶醉在這「前途無量」的機會裏執著地走下去，最終只能造就一個三流演員和一個焦頭爛額的小老闆。

5. 怨天尤人使命運更加灰暗

厄運的到來是我們所無法預知的，面對它的巨大壓力，怨天尤人只會使我們的命運更加灰暗。所以我們必須選擇一種對我們有好處的活法，換一種心態、換一種途徑，才能不為厄運的深淵所淹沒。

戴爾・卡耐基小時候和幾個朋友在家鄉北密蘇里州的一座老屋裏玩，當他從窗欄上跳下來的時候，戒指勾住了一個釘子，他的一個手指被拉掉了。

當時，卡耐基曾尖叫過、恐懼過，可等到恢復後，他再也沒有為此而煩惱過。他勇敢而平靜地接受了這個現實，而且以後也幾乎從來沒有去想過，他的左手只有四個手指。

卡耐基忘記這點，只是奮鬥，他過得幾乎比世上所有的健康人都好。

當然，重要的不是忘記，而是去適應。因為有句老話是這樣說的：事情是這樣的，就不會是那樣的。

莎拉・班珍特可以算是最懂得怎麼去適應那些不可避免的事實的人了。她作為戲劇界的一代巨星，一直是全世界觀眾最喜愛的一位女演員，但在她七十一歲那年，意外發生了。

她在橫渡大西洋的時候，遇上了可怕的暴風雨，她沒有躲到艙裏，而是站在甲板上，想見識一下暴風雨的眞面目，可不小心就摔倒在甲板上了，嚴重受傷。

後來莎拉得了靜脈炎，腿痙攣，她的醫生認爲，必須把腿鋸掉，但醫生不敢告訴她，因爲莎拉的脾氣非常壞，誰知在她得知後，卻非常平靜地說：「如果必須這樣，那就鋸吧。」

當她被推進手術室的時候，她的兒子在一邊嚎啕大哭，她卻瀟灑地揮了揮手，說：「等著我，馬上就回來。」在去手術室的途中，她一直在背戲裏的一句臺詞，有人問她是不是爲解除自己的憂慮，她卻說：「不，醫生應該高興，他們的壓力太大了。」

手術圓滿成功，莎拉開始她的演講生涯，使她的戲迷再次爲她而瘋狂。

正如一位哲人所說的：「當我們不再反抗那些不可避免的事實時，我們就能節省下精力，創造出一個新的、更豐富的生活前景。」

在漫長的歲月中，我們都會碰到一些令人不愉快的事情，它們既然已經存在了，就不可能發生改變，我們要有所選擇，我們應該把它們當作一種不可避免的事實加以接受，並且適應它。

哲學家威廉．哈達威說道：「要樂於承認事情就是這樣的，能夠接受發生的事實，就能克服隨之而來的任何不幸！」

在戴爾．卡耐基成功學的演講裏，還有這樣一個故事：

底特律已故的愛德華．埃文斯先生，出生在一個貧苦的家庭，起初只能靠賣報來維持生計，後來在一家雜貨店當營業員，家裏好幾口人都靠著他的微薄工資來度日。後來又謀得一個助理圖書館管理員的職位，依然是很少的薪水，但他必須幹下去，畢竟做生意實在是太冒險了。

在長達八年之後，他借了五十美元開始了他自己的事業，結果一帆風順地發展成了頗具規模的大事業，年收入也很可觀。

然而，可怕的厄運在突然間降臨了。

他替朋友擔保了一張面額很大的支票，而朋友卻破產了。禍不單行，那家存著他全部積蓄的大銀行也破產了。

他不但血本無歸，而且還欠了許多債，在如此沉重的雙重打擊下，埃文斯終於倒下了。他吃不下東西、睡不好覺，而且生起了莫名其妙的怪病，整天就處於一種極度的擔憂之中，大腦一片空白。

有一天，埃文斯在走路的時候，突然昏倒在路邊，以後就再也不能走路了。

家裏人讓他躺在床上，接著他全身開始腐爛，還滲往骨頭裏，甚至連躺在床上也覺得難受。醫生只是淡淡地告訴他：生命只有兩個星期。

埃文斯索性把全部都放棄了，他靜靜地寫好遺囑，躺在床上等死。人也徹底放鬆下來，閉目休息。

命運在這個時候又向埃文斯開起了玩笑。

一切似乎都好起來了，他睡得像個小孩子那樣踏實，一切困難也似乎正在悄悄地結束，自己也不再進行無謂的憂慮了，胃口也開始好起來了，最終，他廢棄了遺囑。

幾個星期後，埃文斯已能支著拐杖走路，六個星期後，他又能回去工作了。只不過是以前一年賺幾萬美元，現在是一周賺三十美元，但他已經感到萬分高興了。

他的工作是推銷一種在船運送汽車時，輪子後面放的擋板。他早已忘卻了憂慮，不再爲過去的事而悔恨，也不再害怕將來，把他所有的時間、所有的精力、所有的熱誠都用來推銷擋板。

日子又紅火起來了，一切進展順利。

不過幾年而已，他已是埃文斯工業公司的董事長，如果你坐飛機去格陵蘭，很可能降在埃文斯機場，這是專門爲紀念他而建立的飛機場。

是的，他們是生活中的強者，原因在於他們不僅能勇敢堅強地接受既定的現實所帶來的不幸和困境，並且能平靜而理智地對待它、利用它。

當初，發明汽車輪胎的人想要製造一種輪胎，能在路況很差的地方行駛，抗拒坎坷和顛簸，但結果是這種輪胎不久就被切割成了條塊。

經過不懈的探索試驗，他們做出了另一種更好的輪胎。它既能承受巨大的壓力，又能抗拒一切的碎石塊和其他障礙物。他們稱讚它「能接受一切」。

做人也應與好的輪胎一樣，只有能接受一切，並且勇敢前進，才能通過人生的另一種途徑走得更遠。

6.別爲你無法控制的事煩惱

我們不能改變既成事實，但可以改變面對事實，尤其是壞事的態度。

有些人僅僅因爲打翻了一杯牛奶或輪胎漏氣就神情沮喪、失去控制。這不值得，甚至有些愚蠢，但這種事不是天天在我們身邊發生嗎？

這裏有一個美國旅行者在蘇格蘭北部過節的故事。這個人問一位坐在牆上的老人：「明天天氣怎麼樣？」老人看也沒看天空，就回答說：「是我喜歡的天氣。」旅行者又問：「會出太陽嗎？」「我不知道，」他回答道。「那麼，會下雨嗎？」「我不想知道。」這時旅行者已經完全被搞糊塗了。

「好吧，」他說，「如果是你喜歡的那種天氣的話，那會是什麼天氣呢？」老人看著美國人，說：「很久以前我就知道我沒法控制天氣了，所以不管天氣怎樣，我都會喜歡。」

由此可見，別爲你無法控制的事情煩惱，你有能力決定自己對事件的態度。如果你不控制它們，它們就會控制你。

所以，別把牛奶灑了當做生死大事來對待，也別爲一隻癟了的輪胎苦惱萬分；既然已經發生了，就當它們是你的挫折。但它們只是小挫折，每個人都會遇到，你對待它的態度才是重要的。不管此時你想取得什麼樣的成績，不管是創建公司，還是爲好友準備一頓簡單的晚餐，事情都有可能會弄砸了。如果麵包放錯了位置，如果你失去一次升職的機會，預先把它們考慮在內吧，否則的話，它會毀了你取勝的信心。

當你遭遇了挫折，就當是付了一次學費好了。

一九八五年，十七歲的伯里斯·貝克作爲非種子選手，贏得了溫布頓網球公開賽冠軍，震驚了世界。一年以後他捲土重來，成功衛冕。又過了一年，在一場室外比賽中，十九歲的他在第二輪輸給了名不見經傳的對手，被淘汰出局。在後來的新聞發佈會上，人們問他有何感受，以在他那個年齡少有的機智，他答道：「你們看，沒人死去——我只不過輸了一場網球賽而已。」

他的看法是正確的：這只不過是場比賽。當然，這是溫布頓網球公開賽；當然，獎金很豐厚。但這並不是生死攸關的事。

如果你發生了不幸的事——愛情受阻，或生意不好，或者是銀行突然要你還貸款——你就能夠——如果你願意的話，用這個經驗來應付它們。你可以把它們記在心裏，就好像帶著一件沒用的行李。但如果你眞要保留這些不快的回憶，記住它們帶給你的痛苦，並讓它們影響你的自我意識的話，你就會阻礙自己的發展。選擇權在你自己：只把壞事當做經驗教訓，把它拋在腦後吧。換句話說，丟掉讓自己情緒變壞的包袱。

一個人行事的成功與否，除了受思想、意志所支配的因素外，還有一個不可忽視的力量——天命。

曾經說過「五十而知天命」這句話的孔子，周遊列國到「匡」這個地方時，有人誤認他是魯國的權臣陽虎，而把他圍困起來，想陷害他。那時孔子的學生都非常恐慌，倒是孔子泰然地安慰他們說：「我繼承了古代聖賢的大道，傳播給世人，這是遵奉上天的旨意。假使上天無意毀滅中國文化，那麼匡人對我也就無可奈何了。你們大家不必爲這事擔心。」後來匡人終於弄清楚孔子不是陽虎，而使孔子度過了危難。

所以，當自己已經盡力，可因爲個人無法控制的所謂「天命」而使事情變糟時，恐慌、著急、悔恨都無濟於事，何不像孔子那樣坦然面對——清除看似天經地義的壞心情，營造自己的輕鬆心態，因爲人生中的機遇不會僅此一次。

7. 機會不能與尋求財富劃等號

以爲機會只是用來獲得財富，而以追求財富爲生活全部內容的人，是無法使自己身心獲得寧靜的。人們都希望有一個寧靜的生存境界，又不想放棄對功利的癡求，這自然會讓你身心俱疲。

老約翰．洛克菲勒在三十三歲那年，賺到了他一生中第一個一百萬美元，到了四十三歲，他建立了世界上知名的大企業——標準石油公司。但不幸的是，五十三歲時，他卻成爲事業的俘虜。充滿憂慮及壓力的生活，早已壓垮了他的健康。他的傳記作者溫格勒說，他在五十三歲時，看來就像個手腳僵硬的木乃伊。

洛克菲勒五十三歲時，因不知名的消化病症，頭髮不斷脫落，甚至連睫毛也無法倖免，最後只剩幾根稀疏的眉毛。溫格勒說：「他的情況極爲惡劣，有一陣子他只得依賴酸奶爲生。」醫生們診斷他患了一種神經性脫毛病，後來不得不戴頂帽子。不久以後，他訂做了一頂假髮，終其一生都沒有再摘下來過。

洛克菲勒在農莊長大，曾經有著強健的體魄，寬闊的肩膀，走起路來更是腳下生風。可是，對於多數人而言的巔峰歲月，他卻已肩膀下垂、步履蹣跚。另一位傳記作者說：「當他照鏡子時，看到的是一位老人。他之所以會如此，因爲他缺乏運動休息。由於無休止的工作、操勞，嚴重的體力透支，使他爲此付出慘重的代價。他雖然是世界上最富有的人，卻只能靠簡單的飲食爲生。他每週收入高達幾萬美金。可是他一個禮拜能吃得下的食物，要不了兩美元。醫生只允許他進食酸奶與幾片蘇打餅乾。他的臉上毫無血色，用瘦骨嶙峋、老態龍鍾形容他，一點也不爲過。他只能用錢買到最好的醫療，使他不至於五十三歲就離開人世。」

憂慮、驚恐、壓力及緊張，已經把他逼近墳墓的邊緣，他永不休止、全心全意地追求目標。據親近他的人講，當他賠了錢時，他就會大病一場。一次，運送一批價値四萬美金的穀物，取道太湖區水路，保險費用要兩百五十美元，他覺得太昂貴就沒有買。可是當晚伊利湖有暴風。洛克菲勒擔心貨物受損，第二天一早，他的合夥人跨進他辦公室時，就發現洛克菲勒還在來回踱步。

「快點！去看看我們現在投保是不是還來得及。」合夥人奔到城裏找保險公司，可當回到辦公室時，發現洛克菲勒情況更糟。因爲剛好收到電報，貨物已安抵，並未受損！洛克菲勒對此更氣了，因爲他們剛花了兩百五十美元投保費用。

事實上，他把自己搞病了，不得不回家臥床休息。想想看，他的生意一年贏利五十萬美元，他卻爲了區區兩百五十美元把自己折騰得病倒在床上。

他無暇遊樂或休息，除了賺錢及教主日學校，他沒有時間做其他的事。他的合夥人賈德納與其他三個人，以美金二千元合買了一艘遊艇，洛克菲勒堅持反對，而且拒絕坐遊艇出遊。賈德納發現洛克菲勒週末下午還在公司工作，就求他說：「來嘛！約翰，我們一起出海，航行會對你有益，忘掉你的生意吧！來點樂趣嘛！」洛克菲勒警告說：「喬治．賈德納，你是我所見過最奢華的人，你損害了你在銀行的信用，連我的信用也受到牽累，你這樣做，會拖垮我的生意。我絕不會坐你的遊艇，我甚至連看都不想看。」

結果他在辦公室裏待了整個週末的下午。

擁有百萬財產，卻怕付之東流。可以肯定地說，他的健康是由憂慮一手毀滅的。他從沒有閒暇去從事任何娛樂，從來沒有上過戲院，從來不玩牌，也從來不參加任何宴會。馬克．漢娜對他的評價是：「一個爲錢而瘋狂的人。」

洛克菲勒住在俄亥俄州克里夫蘭市時，他的鄰居曾說，洛克菲勒渴望別人的愛，可由於他自己的寡情和多疑，使得沒有幾個人喜歡他。另一位財閥摩根拒絕與他有任何生意的往來，因為他不喜歡洛克菲勒，即便令他賺錢的生意來往也不例外。洛克菲勒的親弟弟恨他入骨，以致把自己孩子的遺體移出家族墓園。他弟弟說：「我不會讓我的骨肉埋葬在被約翰控制的土地裏。」洛克菲勒的部屬與合夥人都極畏懼他，而洛克菲勒也同樣怕他們，他怕他們把公司的秘密洩露出去。

他對人性幾乎沒有絲毫信心，有一次，他與一位石油提煉專家簽了十年的合約，他要那個人承諾不告訴任何人，包括他的妻子。他常掛在嘴邊的一句話是：「閉上嘴，好好幹活！」

正逢他事業巔峰，正是鴻運當頭時，他個人的世界卻崩潰了。標準石油公司災禍連連——與鐵路公司的訴訟、對手的打擊等等。

在賓州油田上，約翰．洛克菲勒是最遭憎恨的人。受他無情打擊的對手，沒有一個不想把他吊在蘋果樹上。威脅他生命的信件，如雪片般飛入辦公室。他雇用保鏢，防止有人會謀害他。

他儘量忽視這些仇恨。一次，他自我解嘲地笑著說：「踢我、詛咒我！你還是拿我沒辦法。」他終究還是無法忍受憎恨，憂慮讓他的病情開始惡化，健康遭受著威脅。對於疾病這個新敵人的侵入，他更加茫然、迷惑。開始時，他把偶爾的不適秘密處理，希望病痛及早離開他。可是失眠、消化障礙及脫髮，這些生理的症狀已不容置疑。最後，醫生終於對他宣佈，在財富與生命中任選其一，並警告他如繼續工作，只有死路一條。他雖然選擇退休，可惜退休前，憂慮、貪婪與恐懼已經摧毀了他的身體。當全美最著名的女作家艾達·塔貝爾見到他時，眞是大吃一驚，她寫道：「他的臉上飽經憂患，他是我所見過最老的人。」洛克菲勒看上去比起麥克阿瑟反攻時還要衰老。當艾達在教主日見到洛克菲勒體能狀況極差，並渴望得到他人的支持時，她說：「我心中湧起一種未曾預期的感覺，而且那感覺十分強烈，那就是我爲他難過。我瞭解孤獨和恐懼。」其實，艾達·塔貝爾那時正在寫一本撻伐標準石油公司的著作，她本沒有任何理由同情他。

醫生不遺餘力地挽救洛克菲勒的生命時，他們要他遵守三項原則：

第一　避免憂慮。絕不要在任何情況下爲任何事煩惱。

第二　放輕鬆，多在戶外從事溫和的運動。

第三　注意飲食，只吃七分飽。

洛克菲勒後來謹記這些原則，因此撿回一命。他退休了，他學打高爾夫球，從事園藝，與鄰居聊天、玩牌，甚至唱歌。

不過他還做了別的事。溫格勒說：「在失眠的夜晚，洛克菲勒有足夠的時間自省。」他不再想要如何賺錢，他開始爲別人著想，思考如何用錢來換取人類的幸福，洛克菲勒開始把他的財富散播出去。他捐錢給教會時，引起全國神職人員的反對，他們稱它爲「贓錢」。即使這樣，他還是繼續奉獻。當他聽說密西根湖畔的一所學院因付不出抵押貸款，面臨關閉時，他投入了幾百萬美元，後來把這所學院建成世界知名的芝加哥大學。他也幫助黑人，他捐助黑人大學，他甚至援助撲滅鉤蟲。當鉤蟲權威史泰爾宣稱治療一個病人需美元五角，誰能捐出大筆錢，撲滅肆虐美國南方的鉤蟲時，洛克菲勒率先捐出百萬美元，拯救南方的民眾。後來他成立了世界性的洛克菲勒基金會，一直在對抗世界的疾病與無知。

散盡千萬財富，幫助那麼多人，他終於尋回心靈的平靜，眞正地得到滿足。這時有人會說：

「如果人們對洛克菲勒的印象，還停留在標準石油公司的時代，那就大錯特錯了。」

洛克菲勒開心了，他徹底地改變了自己，成爲毫無憂慮的人。事實上，當後來他遭受事業重創時，他再也不爲此而犧牲睡眠。

這個打擊是他一手創立的標準石油公司被勒令罰款，這是歷來最大的一筆罰款。美國政府裁定標準石油公司壟斷，直接違反美國反托拉斯法。訟訴長達五年，全美最傑出的法律精英，都加入了這場歷來最冗長的法庭戰爭，最終，標準石油公司敗訴了。

當法官宣判時，辯方律師都很擔心洛克菲勒無法接受，顯然他們並不瞭解他的改變。

那一晚，一位律師打電話通知洛克菲勒，盡可能平靜地敘述這個判決，接著他說出心中的顧慮：「我希望你不要因爲這個判決而難過，洛克菲勒先生，希望你今晚能安心睡覺。」

洛克菲勒立即回答：「不要擔心，我決心好好睡一覺。你也別放在心上，晚安！」

任何人都難以相信，曾爲二百五十美元而失眠的人，現在竟然如此輕鬆，也正是克服憂慮後的輕鬆，使他活到九十八歲。

洛克菲勒放棄了自己貪婪而患得患失的性格，多活了四十五年。洛克菲勒的經歷告訴我們，能夠超越金錢、財富這些身外之物的追求，才能找到眞正的人生機會。

8. 現實中的風險，正是實現夢想的轉機

大凡成大事者，無不慧眼辨機，他們看到的不僅是風險，更在風險中發現並逮住機會。

敢冒風險的人，才有最大的機會贏得成功。

如地震帶來海嘯一般，機會常與風險並肩而來。有的人看見風險便退避三舍，再好的機會在他眼中都失去了魅力。

我們雖然不贊成賭徒式的冒險，但任何機會都有一定的風險性，如果因爲怕風險，就連機會也不要了，無異於因噎廢食，「爺爺倒髒水，連孩子一塊倒掉了」。

美國金融大亨摩根，就是一個善於在風險中發掘機會的人。

摩根誕生於美國康乃狄克州哈特福德的一個富商家庭。摩根家族在一百六十年前，從英格蘭遷往美洲大陸。最初，摩根的祖父約瑟夫・摩根開了一家小小的咖啡館，積累了一定資金後，又開了一家大旅館，既炒股票，又參與保險業。可以說，約瑟夫・摩根是靠膽識發家的。一次，紐約發生大火，損失慘重。保險投資者驚慌失措，紛紛要求放

棄自己的股份，以求不再負擔火災保險費，約瑟夫橫下心買下了全部股份，然後，他把投保手續費大大提高。他還清了紐約大火賠償金，信譽倍增，儘管他增加了投保手續費，投保者還是紛至遝來。這次火災，反使約瑟夫淨賺十五萬美元。就是這些錢，奠定了摩根家族的基業。

摩根的父親吉諾斯．S．摩根則以開菜店起家，後來他與銀行家皮鮑狄合夥，專門經營債券和股票生意。

生活在傳統的商人家族裏，經受著特殊的家庭氛圍與商業薰陶，摩根年輕時便敢想敢做，頗富商業冒險和投機精神。一八五七年，摩根從德哥廷根大學畢業，進入鄧肯商行工作。一次，他去古巴哈瓦那，爲商行採購魚蝦等海鮮歸來，途經新奧爾良碼頭時，他下船在碼頭一帶兜風，突然有一位陌生白人從後面拍了拍他的肩膀：「先生，想買咖啡嗎？我可以半價出售。」

「半價？什麼咖啡？」摩根疑惑地盯著陌生人，陌生人馬上自我介紹說：「我是一艘巴西貨船船長，爲一位美國商人運來一船咖啡，可是貨到了，那位美國商人卻已破產了。這船咖啡只好在此拋錨……。先生！您如果買下，等於幫我一個大忙，我情願半價出售。但有一條，必須現金交易。先生，我是看您像個生意人，才找您談的。」

摩根跟著巴西船長一道看了看咖啡，成色還不錯。想到價錢如此便宜，摩根便毫不猶豫地決定以鄧肯商行的名義買下這船咖啡。然後，他興致勃勃地給鄧肯發出電報，可鄧肯的回電是：「不准擅用公司名義！立即撤銷交易！」

摩根勃然大怒，不過他又覺得自己的確太冒險了，鄧肯商行畢竟不是他摩根家的。自此摩根便產生了一種強烈的願望，那就是開自己的公司，做自己想做的生意。

摩根無奈之下，只好求助於在倫敦的父親。吉諾斯回電，同意他用自己倫敦公司的戶頭，償還挪用鄧肯商行的欠款。摩根大為振奮，索性放手大幹一番，在巴西船長的引薦之下，他又買下了其他船上的咖啡。

摩根初出茅廬，做下如此一樁大買賣，不能說不是冒險。

但上帝偏偏對他情有獨鍾，就在他買下這批咖啡不久，巴西便出現了嚴寒天氣，一下子使咖啡大為減產。這樣，咖啡價格暴漲，摩根便順風迎時地大賺了一筆。

從咖啡交易中，吉諾斯認識到自己的兒子是個人才，便出了大部分資金，為兒子辦起摩根商行，供他施展經商的才能。摩根商行設在華爾街紐約證券交易所對面的一幢建築裏，這個位置對摩根後來叱吒華爾街、乃至左右世界風雲，起了不小的作用。

這時已經是一八六二年，美國的南北戰爭正打得不可開交。林肯總統頒佈了「第一號命令」，實行了全軍總動員，並下令陸海軍對南方展開全面進攻。

一天，克查姆——一位華爾街投資經紀人的兒子、摩根新結識的朋友，來與摩根閒聊。

「我父親最近在華盛頓打聽到，北軍傷亡十分慘重。」克查姆神秘地告訴他的新朋友，「如果有人大量買進黃金，彙到倫敦去，肯定能大賺一筆。」

對經商極其敏感的摩根立時心動，提出與克查姆合夥做這筆生意。克查姆自然躍躍欲試，他把自己的計畫告訴摩根：「我們先同皮鮑狄先生打個招呼，通過他的公司和你的商行共同付款的方式，購買四五百萬美元的黃金——當然要秘密進行；然後，將買到的黃金一半彙到倫敦，交給皮鮑狄，剩下一半我們留著。一旦皮鮑狄將黃金匯款之事洩露出去，而政府軍又戰敗時，黃金價格肯定會暴漲；到那時，我們就堂而皇之地拋售手中的黃金，肯定會大賺一筆！」

摩根迅速地盤算著這筆生意的風險程度，爽快地答應了克查姆。一切按計劃行事，正如他們所料，秘密收購黃金的事，因匯兌大宗款項，走漏了風聲，社會上傳出大亨皮鮑狄購置大筆黃金的消息，「黃金非漲價不可」的議論四處流行。於是，很快形成了爭購黃金的風潮。由於這麼一搶購，金價飛漲，摩根一看火候已到，迅速拋售了手中所有的黃金，趁混亂之機又大賺了一筆。

這時的摩根雖然年僅二十六歲，但他那閃爍著藍色光芒的大眼睛，看去令人覺得深不可測；再搭上短粗的濃眉、鬍鬚，會讓人感覺到他是一個深思熟慮、老謀深算的人。

此後的一百多年間，摩根家族的後代都秉承了先祖的遺傳，不斷地冒險、不斷地投機、不斷地暴斂財富，終於打造了一個實力強大的摩根帝國。

機會常常與風險結伴而行，結伴而來的風險其實並不可怕，就看你有沒有勇氣去逮住機會，敢冒風險的人才，有最大的機會贏得成功。

第七章 杜絕後悔

後悔的習慣是機會的泥潭

PART 7

唐朝詩人劉禹錫有一名句：沉舟側畔千帆過，病樹前頭萬木春。不論犯下多大的錯誤、造成多大的損失、錯過多麼難得的機會，過去的事情就讓它過去，眼睛向前，終會發現新機會的影子。一頭沉在後悔的泥潭裏不能自拔，也就只能望「機」興歎了。

1.不要總犯同樣的錯誤

從來不犯錯誤的人是沒有的，但是犯過錯誤後，就要接受一次教訓，增長一分才智。如果一個人犯了錯誤不懂得總結教訓，只會坐在那裏後悔自責，那麼他就很可能會再犯類似的錯誤，命運因此就不再給你成功的第二次機會。

從前，有個農夫牽了一隻山羊、騎著一頭驢進城去趕集。

三個騙子知道了，想去騙他。

第一個騙子趁農夫騎在驢背上打瞌睡之際，把山羊脖子上的鈴鐺解下來繫在驢尾巴上，把山羊牽走了。

不久，農夫偶一回頭，發現山羊不見了，忙著尋找。這時第二個騙子走過來，熱心地問他找什麼。

農夫說山羊被人偷走了，問他看見沒有。騙子隨便一指，說看見一個人牽著一隻山羊從林子中剛走過去，一定是那個人，快去追吧！

農夫急著去追山羊，把驢子交給這位「好心人」看管。等他兩手空空地回來時，驢子與「好心人」自然沒了蹤影。

農夫傷心極了，一邊走一邊哭。他責備自己爲什麼會這麼容易相信別人，「我後悔死了，爲什麼要把驢交給陌生人！」他哭得更厲害了。當他來到一個水池邊時，卻發現一個人坐在水池邊，哭得比他還傷心。農夫挺奇怪：還有比我更倒楣的人嗎？就問那個人哭什麼，那人告訴農夫，他帶著兩袋金幣去城裏買東西，在水邊歇歇腳、洗把臉，卻不小心把袋子掉水裏了。農夫說，那你趕快下去撈呀！那人說自己不會游泳，如果農夫給他撈上來，願意送給他二十個金幣。

農夫一聽喜出望外，心想：這下子可好了，羊和驢子雖然丟了，可是將到手二十個金幣，損失全補回來，還有富餘啊！他連忙脫光衣服跳下水撈起來。當他空著手從水裏爬上來時，他的衣服、乾糧也不見了；僅剩下的一點錢還在衣服口袋裏裝著呢！

沒出事時麻痹大意，出現意外只知痛悔不已，三個騙子正是抓住了農夫的這個弱點，才輕而易舉地騙走了他的財物。人們在工作中、生活中遭受類似的挫折和失敗，是難以完全避免的，但吃了虧以後如果能長點智慧，那也是一件好事。

李甯與丈夫剛結婚不久，一次，李寧在汽車上聽幾個人談論炒股有多賺錢，就心動起來：快點賺一筆錢把房貸還清，日子就會舒服多了。

當天晚上，李寧就回家和丈夫商量這件事，想把還債的存款拿去賭一把，先生表示反對，他認爲還是紮紮實實地存錢還貸比較心安。但李甯沒有聽從丈夫的勸告，她提了三萬元就去了股票大廳，站在大廳裏，看著紅紅綠綠的電子公告牌，她茫然不知所措，正在這時，她聽見幾個四十多歲的女人正在談論一支股票，說會穩賺不賠，李寧一咬牙，就把三萬元全投到那支股票上去了。結果第三天開盤時，那支股票大跌，三萬塊錢全部打了水漂。李寧回到家裏哭天喊地，差點跳樓。她每天以淚洗面，自責不已。

兩年後的一天，一個遠房親戚打來了電話，她告訴李寧，自己找到了一份賺大錢的工作，幹兩年就可以買車買樓。當李寧問她具體是什麼工作時，她模模糊糊地說是銷售工作，聽她說得天花亂墜，李寧又動心了。這次，她瞞著丈夫，把存款取了出來跟親戚走了。三個月後，丈夫把身無分文的李寧從派出所帶了回來，原來她被傳銷騙了。

從此以後，李寧就像變了一個人似的，每天都要把自己的上當經歷搬出來哭哭鬧鬧，恨自己笨，恨自己沒用，先生好言相勸，無奈李寧就是不聽，先生被李甯鬧得心神不寧，工作也不順利，最後兩人只好離婚了。

做錯決定，尤其是做錯一些讓你後悔終生的大決定，是一件讓人扼腕不甘、難以忘懷的事。

但是過去的事就讓它過去吧，如果眞要說那些過去的事有什麼價値和意義的話，那就是讓我們吸取教訓，不再做類似讓我們後悔的事罷了。這個故事，當李寧第一次失敗後，本應記取這次教訓，不再輕信別人的話，不對自己不瞭解的事物冒險投資，但她卻把時間都浪費在後悔自責上，以至於又犯了類似的錯誤，毀了自己的一生。

明代徐渭有一副對聯：「讀不如行，試廢讀，將何以行；蹶方長智，然屢蹶，詎云能智。」印度著名詩人泰戈爾也說：「如果你錯過太陽時流淚了，那麼你也將錯過群星了。」一個人如果在犯錯後，痛罵自己是混蛋傻瓜，那也只能給自己增添悔恨和沮喪罷了。不知吸取教訓的人，將在悔恨裏度過一生。

2. 別讓衝動支配行動

衝動情緒往往是由於缺乏周密思考引起的。要知道，許多問題的產生都源於衝動，是未經深思熟慮就行動的結果。

愚蠢的行爲，大多是在手腳轉動得比大腦還快的時候產生的。在遇到與自己的主觀意向發生衝突的事情時，若能冷靜地想一想，不倉促行事，也就不會有衝動，更不會在事後後悔莫及了。

石達開是太平天國首批「封王」中最年輕的軍事將領。在太平天國金田起義之後，向金陵進軍的途中，石達開均爲開路先鋒，他逢山開路、遇水搭橋，攻城奪鎭、所向披靡，號稱「石敢當」。太平天國建都天京後，他同楊秀清、韋昌輝等同爲洪秀全的重要輔臣。後來又在西征戰場上，大敗湘軍，迫使曾國藩又氣又羞又急，欲投水尋死。在「天京事變」中，他又支持洪秀全平定韋昌輝的叛亂，成爲洪秀全的首輔大臣。

但是，就在這之後不久，石達開卻獨自率領二十萬大軍出走天京，與洪秀全分手，最後在大渡河全軍覆滅，他本人亦慘遭清軍駱秉章凌遲。石達開出走和失敗的歷史，是魯莽行動的體現，足以使後人深思。

一八五七年六月二日，石達開率部由天京雨花臺向安慶進軍，出走的原因據石達開的佈告中說，因「聖君」不明，即責怪洪秀全用頻繁的詔旨來牽制他的行動，並對他「重重生疑慮」，以致發展到有加害石達開之意，這就使二人之間的矛盾白熱化起來。

當時要解決這一日益尖銳的矛盾，有三種辦法可行：一種辦法是石達開委曲求全，這在當時已不可能，心胸狹窄的洪秀全已不能寬容石達開；一種是激流勇退，解印棄官來消除洪秀全對他的疑惑，這也很難，當時形勢已近水火，若石達開解職的話，恐怕連性命都難保；第三種是誅洪自代。謀士張遂謀曾經提醒石達開吸取劉邦誅韓信的教訓，面對險境，應該推翻洪秀全的統治，自立為王。

按當時的實際情況看，第三種辦法應該是較好的出路，因為形勢的發展，實際上已摒棄了像洪秀全那樣相形見絀的領袖，需要一個像石達開那樣的新的領袖來維繫。但是，石達開的弱點就是中國傳統的「忠君思想」，他講仁慈、信義，他對謀士的回答是：「予惟知效忠天王，守其臣節」。

因此，石達開認為率部出走是其最佳方案。這樣既可繼續打著太平天國的旗號，進行從事推翻清朝的活動，又可以避開和洪秀全的矛盾。石達開率大軍到安慶後，如果按照他原來「分而不裂」的初衷，本可以此作爲根據地，向周圍擴充。安慶離天京不遠，還可以互爲聲援，減輕清軍對天京的壓力，又不失去石達開原在天京軍民心目中的地位。這是石達開完全可以做到的。但是，石達開卻沒有這樣做，而是決心和洪秀全分道揚鑣，徹底分裂，捨近而求遠，去四川自立門戶。

歷史證明這一決策完全錯了，石達開雖擁有二十萬大軍，英勇決戰江西、浙江、福建等十二個省，震撼了半個中國，歷時七年，表現了高度的堅韌性，但最後仍免不了一敗塗地。

石達開的失敗，主要是由於個人決策的錯誤，他的一時衝動，使他做出了自不量力的行爲。

當我們在做決定時，常會犯一個老毛病，就是憑衝動行事，既不分清情況，又沒有衡量好自己的能力，因此往往會做一些讓自己賠了夫人又折兵的後悔事。所以，在面臨做決定時，首先應先問問自己，做這個決定到底是爲什麼？有什麼目的？如果做此決定，會產生何種後果？這樣能促使你三思而後行，避免衝動。

其次，要鍛煉自制力，盡力做到處變不驚、寬以待人，不要遇到矛盾就以「兵戎相見」，像個「易燃品」，見火就著。倘若你是個「急性子」，更應學會自我控制，遇事時要學會變「熱處理」爲「冷處理」，考慮過各個選項的後果後再做決定。

我們不是神，對一些事情考慮不周是正常的，在做決定時，我們也要經常提醒自己這一點。因爲思慮不周，所以更不能衝動，一定要控制好自己的感情，面對問題時，儘量保持冷靜。

3. 多思考就會少後悔

做決定時，人們往往會經歷兩個階段：一是做決定前的思考階段，一是做決定後悔恨、無奈的階段。事實證明，這兩個階段正好成反比。也就是說，你用於思考的時間越少，你的悔恨無奈就越多，反之亦然。

有一個父親過世之後，只留給兒子一幅古畫，兒子看了十分失望，正要把畫束之高閣，突然覺得畫的卷軸似乎異常的重，他撕開一角，驚奇地發現不少金塊藏在其間，於是立刻把畫撕破，取出了金子。然後他又看到卷軸中藏有一張字條，寫著畫是古代名家所繪的無價之寶。

可惜畫已經在他衝動之下撕得破碎不堪了。

許多人做決定時最常說的話就是：「做了再說！」、「船到橋頭自然直！」雖然說，任何決定的意義都取決於自己的價值觀和人生需求，但這卻不代表我們可以憑情緒隨便行動。

在某大公司裏，一群前來應聘的年輕人，正面臨著最後的考驗——一場定時十分鐘的考試。誰通過了，便可進入這家著名的大公司工作。

試卷共三十道題，面寬而量大，這完全出乎這些在前幾次招聘考核中，表現出色的佼佼者的意料。這麼多題，十分鐘的時間實在是太緊了。因此，許多人一拿到試卷，便半秒也不肯耽擱地慌忙搶做，全然不顧監考官「請大家先將試卷流覽一遍再答題」的忠告。

試卷在十分鐘後悉數收齊，總經理親自批閱，然後從中挑出六份試卷。這六份卷面有一個共同特點，即一至二十八題全都未做，僅回答了最後兩個問題。而其他試卷則做了前面不少題，最多的做了十二道。

然而，該公司最後錄用的，竟然是那六個僅答了最後兩道題的年輕人——原來秘密就藏在第二十八題中，它的內容是：前面各題均無須回答，只要求做好最後兩道題。

這些參加考試的應聘者能在多次遴選中勝出，學問已沒什麼問題了。但這場考試顯然是要測試學問以外的東西——一個人面對緊急的事情時，能不能保持冷靜，能不能三思而後行。

人生有很多抉擇，都是在「過急」的情況下出錯的。因此，做決定前，請給自己一分鐘做最後的檢查、比較和判斷，或許，你會發現新的盲點。所謂「三思而後行」，說的就是這個道理。

一個決定在你腦海中形成而尚未付諸行動之前，這個決定還只是個構想，你隨時要修改都可以。一旦做出實際行動，要改就很難了。因此，如果你投入諸多心血去規劃一件事，那麼在做出某一決定前，請再給自己一分鐘的思考時間，在決定前，給自己一分鐘，決定後，你就可以省下幾十個小時，甚至幾個月的修正、改過時間。

正所謂「磨刀不誤砍柴功」，事前多想想，事後後悔的機率就小一點。

當我們面對時刻變化著、發展著的世界時，對事物的認識可能會出現一些錯誤。因此，我們經常會遇到因考慮不周、魯莽行動而造成損失的情況，所以，我們遇事才要「三思而後行」，這是老祖宗留給我們的最好的智慧。

4.走好人生最關鍵的幾步

日休禪師曾說過：「人生只有三天，活在昨天的人迷惑，活在明天的人等待，只有活在今天的人最踏實。」但是生活中，很多人眼睛都盯著明天，他們沒有時間停下來看一看今天的美景，直到年老的時候，他們才爲自己錯過的一切而後悔。

他的頭髮白了，他的手腳沒力氣了，他已經是一個行動不便的老人了。年輕的時候，他超時工作、拼命賺錢，總是在爲以後做打算。節假日，同事們帶孩子度假，他卻到小販朋友的店鋪幫忙，以賺取額外收入。原本計畫在還完房屋貸款後，便帶孩子們到臨近的泰國玩玩。可是，三個孩子慢慢長大，學費、生活費也越來越高。於是他更不敢隨意花錢，便擱下遊玩一事。

大兒子大學畢業典禮後一個星期，夫妻倆打算到日本去探親。可是，在起程前兩天的早晨，醒來時，他突然發現枕邊的老伴心臟病發作，一命歸天了。

這是怎樣的遺憾啊！他逢人就說：「如果再給我機會讓我重活一次，我一定好好享受人生，一定不會忽略我的家人！」然而，人生沒有彩排，逝去的將永不會重來，再後悔又有什麼用呢！

在歐洲阿爾卑斯山中，有一條兩旁風景很美的大道，大道上掛著一塊標語牌，寫著：「慢慢走，請注意欣賞！」旅途中不經意的花草，或許勝過你刻意追逐的頂峰；海灘邊偶爾拾到的貝殼，也許成爲你一生的珍藏。如果說生命是一種體驗，幸福是一種感覺，那麼趕路時千萬不要錯過欣賞沿途的景色，忽略或遺忘那些眞正的快樂。走一走，停一停，品一品，便不會有「歸來時空空如也」的悔恨。

從年輕時開始，古航就一直在「錯過」。十八歲時，他痛苦地發現自己錯過了學習的大好時光，沒能夠擠過高考的獨木橋；二十歲時，他錯過了初戀的女孩，因爲他不夠勇敢，所以沒能留住她；二十二歲時，他錯過了一個不錯的工作機會，他爲此後悔了好久；二十五歲時，他娶了一個端莊美麗的妻子，但他還在懷念自己喜歡的第一個女孩。

三十歲時，古航錯過了一個晉升的機會，回家以後，他把自己的怨氣都發在了賢慧的妻子身上，那一夜，她哭得很傷心。四十歲時，古航在鄉下的老母親去世了，他後悔地說：「早知道就把她接進城來孝敬幾年，管它條件好不好呢！」五十歲時，古航成了醫院的常客，他後悔以前沒有愛惜身體，從前拿命換錢，如今拿錢換命！五十五歲時，他又錯過了退休的好時機，不得不拖著病體再堅持五年。六十五歲時，妻子生了很重的病，古航有時間就守在妻子身邊，因爲她的時間已經不多了。他感歎地說：「這一生我眞的錯過了很多，現在你也要離我而去嗎？」妻子帶著解脫與滿足的微笑說：「那我夠幸運了，至少我沒錯過你！」此時古航老淚縱橫，原以爲兩人可以永遠在一起，所以終日忙著工作與繁瑣的事，卻從不曾用心體貼朝夕相處的另一半。他緊緊地抱住了妻子：「這輩子，我錯過了你四十年來的深情……」

很多人都在一生中不停地錯過，錯過愛情、錯過事業、錯過夢想、錯過生活……，人只能活一次，一旦錯過了，就將遺憾終生。

你是否有過這樣的經歷？曾經買了一件很喜歡的衣服，卻捨不得穿，鄭重地把它供奉在衣櫃裏；許久之後，當你再拿出來準備穿的時候，卻發現它已經過時了。所以，你就這樣與它錯過了。

也曾經買了一塊漂亮的蛋糕，卻捨不得吃，鄭重地把它供奉在冰箱裏；許久之後，當你決定吃它的時候，卻發現它已經過期了。所以，你就這樣與它錯過了。

沒有在最喜歡的時候穿上的衣服，和沒有在最可口的時候品嘗到的蛋糕，就像沒有在最想做的時候去做的任何事情，都是人生無可挽回的遺憾。

任何事物都是有保質期的，一年、三年、五年，總會有過期的時候。人的生命也是有保存期限的，所有想做的事應該趁早去做，不要錯過了，只剩下美麗的遺憾。要知道，如果只是把心願鄭重其事地供奉在心裏，卻未曾去實行，那麼惟一的結果就是與它錯過，一如那件過時的衣服，一如那塊過期的蛋糕。

人生短短幾十年，「現在」對我們來說是最珍貴的，一個人把握住了現在，其實就是抓住了機會，他也就把握住了自己的人生。

5.別搬起石頭砸了自己的腳

許多人感歎著命運不公，抱怨著機會與自己無緣，卻從未想到過，他們之所以有此境遇，只是因爲常常做「搬起石頭砸自己的腳」的事情。行動之前的決定，是由一連串的判斷產生的，如果沒有看清情況就倉促行動，很可能會使人做出「搬石頭砸自己腳」的蠢事。

「二戰」期間曾經發生過這樣一個故事：早春的一個下午，某國的一個一等兵，開著一輛帶帆布頂篷的大卡車，艱難地行駛在前線那被融雪浸泡得異常泥濘的道路上。卡車已經兩次陷進深深的泥漿之中，到了第三次，一等兵一直擔心的事情終於發生了，汽車滑進泥坑，直陷到車軸處。

正在這時，隨著一陣響亮的汽車喇叭聲，一隊轎車從右邊駛過。看到這輛陷入困境的卡車，車隊立即停下來。一位身著紅色佩帶的將軍，從八輛汽車的頭一輛中走了出來，招手讓一等兵過去。

「遇到麻煩了？」

「是的，將軍先生。」

「車陷住了？」

「陷在泥坑裏，將軍先生。」

這位將軍仔細地觀察了一下，他認爲這是一個促進官兵同甘共苦的好機會。

於是，他決定身體力行地給大家做個榜樣。

「注意了！」他拍拍手，用命令的口氣高聲叫喊著，「全體下車！軍官先生們過來！我們讓一等兵先生重新跑起來！幹活吧，先生們！」

從八輛汽車裏鑽出整整一個司令部的軍官，少校、上尉，一個個穿著整潔的軍服。他們同將軍一起埋頭猛幹起來，又推又拉，又扛又抬。就這樣幹了十多分鐘，汽車才從泥坑中出來，停在道上，準備上路。

我們可以想像當這些軍官穿著滿是泥汙的軍服鑽進汽車時，他們的樣子是何等的狼狽，他們在心裏又是怎樣詛咒這道命令。將軍留在最後，爲自己的善舉而洋洋自得的他，又走到一等兵面前。

「對我們還滿意嗎？」

「是的，將軍先生！」

「讓我看看，您在車上裝了些什麼？」

將軍拉開篷布，他看見，在車廂裏坐著整整二十二個士兵。

當我們發現問題時，首先要判斷一下，這個問題值不值得我們花心思去研究，然後把所有關於這個問題的東西都搞清楚，再判斷一下到底該怎麼做。簡單地說，在思考及評估一個決定的過程中，判斷是一個個環節，不停地濾掉不合邏輯的東西，剩下的就是我們該採取的正確行動。當然，所有的一切判斷必須以實際情況爲前提。故事中的將軍就是因爲沒對問題考慮清楚，所以才下了一道讓自己丟臉的命令。他還沒有把目標定出來，就急著判斷，判斷時又只按照自己的思路走，結果做出的決定是一團糟，事實和想像差了十萬八千里。這種情形，就像我們打靶時還沒瞄準，就扣了扳機，結果，不僅浪費了子彈，搞不好還會打到別的人或物品，這時再後悔，已經晚了。

還有人會「搬石頭砸到自己的腳」，是因爲在情緒不好的時候，就隨便下決定導致的。有一位美麗的姑娘與一位才華出眾的意中人共墜愛河，家裏人卻極力反對，認爲門不當、戶不對，因爲小夥子家太窮了。姑娘雖極力堅持，卻不料此時意中人意外地離去。姑娘遭受重大打擊後，萬念俱灰，便隨意地聽從父母的安排，嫁給一位自己並不愛的人。隨著歲月的流逝，這位姑娘慢慢地發現，她從一種傷痛中，走入另一種更深的痛苦。

很多時候，我們情緒低沉，意興闌珊，卻並沒有由此而推遲去做重要決策。痛苦消沉時的決策、賭氣時的衝動決策、悲觀失望時的無奈決策，都是不明智的，多年以後，當我們反回頭時，就會明白這些決策給我們造成了多大的傷害。

遇到問題時，應平心靜氣地進行處理，越是重大的決策，越是要心平氣和、頭腦冷靜，周密地分析各種資訊，判斷各方局勢，做出認眞負責、科學的決策。

當一個人情緒波動比較大或壓力比較大時，仍然能做到冷靜理智，是一件很困難的事，這時候也是最危險的時候，因爲我們可能喪失了清晰的分析判斷能力，最容易做出糟糕透頂的決策。而且，這種時候，人心底還會有一種儘快擺脫這種境地的渴望：我不想在這兒待下去了，隨便哪條路，只要能走開就行。

在各種情緒的衝動下，我們極易幹出後悔終生的傻事來。所以，在情緒不好的時候，首先應平靜下來，控制住自己的情緒，而不是匆忙決策。

如果你不想做出令自己後悔的決定，那麼面對問題時，就一定要好好規劃一下自己的思路。

這樣你就可以用事前的「四兩」去撥事中的「千斤」，但如果你在事前出現失誤、疏忽，那麼事後可能是用「千斤」也無法彌補的。

國家圖書館出版品預行編目資料

主動出擊：別讓機會錯過你 / 方州著. -- 初版. --
新北市：華夏出版有限公司, 2023.05
面； 公分. --（Sunny 文庫；282）
ISBN 978-626-7134-72-6（平裝）
1.CST：成功法 2.CST：自我實現

177.2 111018848

Sunny 文庫 282
主動出擊：別讓機會錯過你

著 作 方州
印 刷 百通科技股份有限公司
電話：02-86926066 傳真：02-86926016
出 版 華夏出版有限公司
220 新北市板橋區縣民大道 3 段 93 巷 30 弄 25 號 1 樓
電話：02-32343788 傳真：02-22234544
E-mail： pftwsdom@ms7.hinet.net
總 經 銷 貿騰發賣股份有限公司
新北市 235 中和區立德街 136 號 6 樓
電話：02-82275988 傳真：02-82275989
網址：www.namode.com
版 次 2023 年 5 月初版一刷
特 價 新台幣 360 元 (缺頁或破損的書，請寄回更換)

ISBN-13： 978-626-7134-72-6